Regards sur le droit et la protection des enfants en Haïti

Essai

Herlange Saint-Juste

Regards sur le droit et la protection des enfants en Haïti

Essai

VARELLA

ISBN : 9782493420701

Dédicace

A tous les enfants particulièrement ceux des maisons d'accueil.

A ma défunte ma mère Berthelène St Fort pour ces œuvres en faveur de notre famille

A mon père Laveaud Saint-Juste pour ses sacrifices.

A mon épouse Saint-Juste Jennifer, pour ses sacrifices, sa compréhension et l'acceptation de cette vocation que je me suis donnée pour la défense des droits humains et la paix dans le monde.

A mes enfants Ange-Herlie et Jefferlie qui m'ont appris à être père et pour qui ce travail est sans nul doute, un exemple à suivre et à dépasser.

A mes frères Robenson, Frandio et ma sœur Notch-Volaine pour leur affection.

A mes cousins Garry Poisson, Donel Saint-Juste et mes cousines Ermaine, Fabienne, Erga pour leur soutien psychologique.

Pour :

Le personnel de la Faculté de Droit et de la Magistrature de l'Université Jean Price Mars.

Me Joseph Edgard Dumay pour le suivi et l'encadrement de ce travail.

Me Garry Paul Angrand Doyen de la Faculté de droit de Ouanaminthe, Juge à la Cour d'Appel du Cap-Haïtien.

Frantz Narcisse pour ses conseils.

Landie Gaëlle Poisson pour sa disponibilité.

Avant-propos

Malgré les progrès réalisés dans le monde au cours de ces dernières décennies en matière de protection de l'enfant, la situation après le 12 janvier 2010 reste préoccupante. Selon l'UNICEF 22% des enfants ne vivent pas avec leurs parents biologiques. Plus de 25 800 enfants sont placés dans des institutions dont 80 pour cent ne sont pas des orphelins. 1 enfant sur 6 n'est pas enregistré à la naissance, ce qui les prive de leur premier droit à l'identité et les expose au risque de se voir refuser l'accès aux services sociaux de base. 85% des enfants âgés de 1 à 14 ont subi une forme de recours à la violence qui comprend l'agression psychologique et le châtiment corporel. 36 % des filles et des femmes de 15 à 49 ans ont été victimes de violence physique et/ou sexuelle. 207 000 enfants se trouvent dans des situations de travail domestiques inacceptables. Près de 80 % des enfants détenus dans les prisons en Haïti n'ont été ni jugés, ni condamnés.

Des enfants traversent la frontière avec la République Dominicaine quelques fois sans documentation, et sont vulnérables à la traite et autres types d'exploitations.

Ce livre est le résultat d'un travail de recherche minutieux s'intéressant au droit et à la protection des enfants dans le monde, et particulièrement, ceux en Haïti. Nous y prenons en compte les différents facteurs (sociaux, économiques, politiques, psychologiques, juridiques, historiques, culturels…).

Cette étude, dans ses limites, apporte une contribution au débat scientifique dans un domaine aussi sensible où il faut, non seulement ajuster, mais aussi concilier à la fois les intérêts généraux et ceux fondamentaux des générations futures.

Nous espérons attirer l'attention des acteurs publics et, qu'ils prennent des mesures politiques de protection de l'enfant et renforcent le cadre légal afin d'améliorer l'environnement protecteur des enfants.

INTRODUCTION

Cet essai met à contribution des recherches menées sur le droit et la protection des enfants en Haïti au regard de la constitution du 29 mars 1987 amendée et la convention relative aux droits de l'enfant du 20 novembre 1989.

La vocation première du droit est de rendre plus sûres les relations sociales. Il garantit l'ordre et assure la justice dans tous les rapports humains. De ce fait, le droit de l'enfant n'est pas en reste. Ainsi, l'idée du droit des enfants dans les maisons d'accueil n'est jamais absente de l'univers du droit. La protection de l'enfance s'étend de la prévention et de la lutte contre toute forme d'abus, de négligence, d'exploitation et de violence infligées aux enfants. Le terme enfant dans son acceptation, vient du latin « *infans* » qui signifie celui qui ne parle pas. En outre, cette origine du mot enfant exprime l'idée de mineur, faiblesse ou de vulnérabilité.

La définition d'un mineur ou d'un enfant peut varier d'un pays à l'autre. De manière analogue, la loi n'établit toujours pas une distinction claire et nette entre les termes « *enfant* » et « *mineur* ».

En effet, dans son effort pour protéger et promouvoir les droits de l'enfant, l'ONU, à travers la résolution du 20 novembre 1989 de l'Assemblée Générale portant sur la Convention relative aux droits de l'enfant définit l'enfant comme : « *Tout être humain âgé de moins de dix-huit ans, sauf si la majorité est atteinte plus tôt en vertu de la législation qui lui est applicable* ».

Cependant, la Constitution haïtienne de 1987 amendée le 9 mai 2011, stipule dans son article 16, alinéa 2, un enfant est celui qui est âgé de moins de dix-huit ans.

Néanmoins, l'État haïtien a souvent peu manifesté d'enthousiasme à se lier à des accords internationaux relatifs aux droits de l'homme en particulier, ceux des enfants. Par conséquent, cette posture de l'État favorise la prolifération des maisons d'accueils d'enfants fonctionnant fréquemment de manière illégale, mais sert de recours pour de nombreuses familles en situation de précarité.

Afin de circonscrire l'étude, nous ne l'avons pas étendu sur le territoire national, ce qui aurait pour conséquence, nous exiger à explorer moults études effectuées sur le droit et la protection des enfants en Haïti. Notre démarche se veut une approche basée sur les enfants se trouvant dans les maisons d'accueil dans le département du Nord-est.

D'une part, nous avons fondé cette étude sur les textes internationaux ayant vocation à protéger l'Homme, en particulier, ceux relatifs aux droits de l'enfant et, d'autre part, les textes de la Constitution haïtienne de 1987 amendée.

Dans le même souci de documentation, nous avons consulté des ouvrages généraux et spécifiques ainsi que des rapports, des productions du système des Nations Unies, d'articles et de revues qui se sont intéressés à la question. Notre étude s'organise autour de deux parties : primo, une esquisse des principaux droits de l'enfant dans le cadre juridique (partie I), deuxio, un regard le réel des maisons d'accueil d'enfants en Haïti (partie II).

L'histoire de l'humanité est indissociable du combat des individus et des peuples contre l'injustice, l'exploitation et le mépris. La reconnaissance, sur le plan national et international, des droits et des libertés fondamentaux de l'homme est l'une des expressions les plus prestigieuses de ce combat. Les droits de l'homme sont devenus une des composantes des relations internationales contemporaines. De nos jours, ils sont sur toutes les lèvres et habitent tous les discours juridiques et politiques. En se référant aux droits de l'homme, ce terme générique englobe toute l'humanité, le monde tend à consacrer les droits de l'individu en ce qu'ils ont de spécifique qu'ils visent à prendre en considération que les intérêts particuliers des personnes.

Notre époque ne croit pas à une politique des droits de l'homme qui aurait pour cible l'humanité envisagée de façon abstraite et indifférenciée. Plus exactement, elle l'estime insuffisante : L'idée d'un individu moyen titulaire de droits a cédé le pas devant la contestation des revendications de groupes. Chacun demande à ce que lui soit garantie une dignité qui suppose des mesures correctives. C'est justement dans ce cadre que l'on conçoit, de plus en plus aujourd'hui des applications particulières des droits de l'homme qui développent des particularités positionnelles de droits : Femmes handicapés, étrangers, refugiés, détenus politiques, etc. Ces personnes réclament et continuent à exiger des garanties, une égalité, une dignité. Ce qui appellerait à des relectures des bases textuelles telles la Déclaration des Droits de l'Homme et du Citoyen 24 et 26 août 1789, la Déclaration Universelle des Droits de l'Homme du 10 décembre 1948 etc. Qui n'ont pas pris en compte de telles revendications. En fait, ces couches sociales se sentent marginalisées, affaiblies et ne demandent pas moins qu'une législation spécifique à leur profit car le pire de tout mouvement naturel, de toute société est, par essence, d'écraser les couches les plus faibles. Or, précisément, l'enfant est fragile, vulnérable et plus faible parmi les faibles puisqu'il ne peut survivre puis se développer qu'avec l'aide et l'assistance d'autrui.

Dans le but de protéger les droits de l'enfant du monde, le Droit International a offert, on le sait, un cadre de promotion et de protection des droits fondamentaux des enfants. D'ailleurs, l'obligation de protéger le droit des enfants a été prise en compte avec la signature de plusieurs traités multilatéraux, notamment la convention de 1926 sur l'esclavage. La Convention relative aux Droits de l'Enfant et ses protocoles facultatifs créent un ensemble de principes et de normes juridiques qui régissent toute la législation. La plupart des traités préviennent aussi une protection particulière pour les enfants. Avec la création de l'Organisation des Nations Unies dont la Charte proclame la promotion et l'encouragement du respect des droits de l'homme et des libertés fondamentales par tous, sans distinction de sexe, de religion, de race ou de langue.

Dans notre pays, l'enfant est buté à des problèmes et des difficultés de tout genre qui lui rendent vulnérable. La question pertinente est de savoir si cette catégorie sociale jouit effectivement de ses droits en tant qu'enfant, d'amener tous les parents ainsi que les autorités publiques et privées à bien assumer leurs rôles, leurs devoirs et leurs responsabilités dans la défense des droits et intérêt de l'enfant haïtien quand ceux-ci sont bafoués et violés systématiquement.

La grandeur d'un peuple se repose sur un état de droit fort et applicable à toutes les couches sociales de la nation. Tout état de droit qui veut maintenir le respect de l'engagement pris en face du monde pour son peuple, il le considère comme un devoir. Pour y parvenir, il importe à l'Etat de protéger, les intérêts vitaux de la nation qui se trouvent en danger par pire négligence des dirigeants qui ne prennent aucune mesure, aucune initiative sérieuse visant le respect effectif de tous les droits et privilèges prévus dans les instruments nationaux et internationaux au profit de l'enfant.

Notre intérêt en effectuant cette étude, n'est autre que la conscientisation et la sensibilisation de nos dirigeants et des organismes œuvrant dans la promotion et la protection des droits de l'enfant (L'ETAT, La société civile, etc....). Il y a un dicton qui dit : « Tant vaut l'école, tant vaut la nation ». La formation commence depuis son enfance avec ses parents et le milieu environnemental où il évolue. José Marti[1] écrit : « L'enfant est l'avenir du monde ». Donc, en traitant mal les enfants, c'est le futur de tout un monde qui est en péril. Chez nous, en Haïti la situation, le constat est lamentable et défraie la chronique avec la multiplication à outrance des Maisons d'accueil fonctionnant majoritairement de façon illégale sur toute l'étendue du territoire national. Au lieu d'aider, au contraire ces Maisons d'accueil couramment appelées « Orphelinats » rendent encore plus sombre et plus difficile la jouissance des Droits de l'enfant en Haïti. Cette situation suscite notre intérêt intellectuel au regard de l'article 261 de la Constitution de 1987 amendée et de la Convention Internationale relative aux Droits de l'Enfant du 20 novembre 1989.

L'Etat doit intervenir pour régulariser cet état de fait par le truchement de l'Institut du Bien-Être Social qui est devenu une institution très faible de nos jours et qui mérite d'être renforcée afin qu'elle soit mieux armée pour remplir sa tâche.

---

1 Homme politique, philosophe et journalistes cubain. Il est fondateur du parti révolutionnaire cubain. Dans son ouvrage : « Ismaelillo » il a accordé une attention spéciale à l'enfant.

En effet, les constats prouvent que les enfants qui sont dans les Maisons d'accueil ne sont pas tous des orphelins de père et de mère, comme on veut le faire croire. Ils ont au moins l'un de leurs parents vivants. Ces derniers choisissent tout simplement de les confier à des Centres d'accueil où ils vivent plus péniblement malheureusement.

La naissance d'un enfant est un événement pour les parents, la famille et la société toute entière, on voit dans l'enfant l'avenir de la nation. Il y a un adage qui dit : « L'enfant est une force vive de la nation, l'espoir de la société, l'avenir d'un peuple ». Cet adage s'applique avec beaucoup d'effectivité. L'enfant dès sa naissance est protégé dans tous les aspects de sa vie dans les seins de sa mère ; il a donc droit à la vie, à la santé, à l'éducation, à la société et au loisir. Tout compte dans la formation de l'enfant, un son, un mouvement, un regard, son jeu en écho avec une autre couleur, d'une odeur, d'un goût, d'une sensation tactile, de la résonance sensorielle entre toutes ces perceptions, des émotions et des sentiments qui les accompagnent sont des moments essentiels pour le développement de l'intelligence dans la globalité[1]. Chaque expérience vécue modifie totalement l'acquisition de toutes les connaissances et contribue à la richesse de chaque enfant, car c'est l'expérience qui est à l'origine de la pensée, non le contraire[2]. Le milieu environnemental de l'enfant a une grande influence sur sa vie et la société.

La protection internationale de l'enfance a été l'une des préoccupations prioritaires en matière de droit de l'homme. A la recherche de cette protection que la (SDN) Société des Nations a vu le jour en 1924, la Déclaration de Genève a posé à cet effet un certain nombre de principes. Le mouvement a repris avec la vibration du fond international de secours à l'enfance après la deuxième guerre mondiale. Le respect des droits de tous est une loi sacrée qu'il faut obéir et parmi eux les enfants ne sont pas exclus. Dans le but de protéger les droits de la communauté internationale, ils se sont mis d'accord et adoptent la Convention Internationale relative aux Droits de l'Enfant en date du 20 novembre 1989. Ainsi la Communauté Internationale entend promouvoir les droits de l'enfant et

---

1 Robin Renucci, l'expérience, à l'origine de la pensée, 2005 P 7-9
2 Idem

permettre à chacun de nous de réfléchir sur les problèmes liés à la jouissance de leurs droits. Le 20 novembre est la date retenue comme la journée internationale de l'enfant. Et le 2 septembre 1990 cette Convention entre en vigueur selon l'article 49[3]. Elle est l'instrument juridique international en matière des Droits de l'homme qui puisse connaitre une ratification quasi universelle.

A l'heure actuelle, vu le degré d'importance de la question en Haïti, il s'avère impérieux de s'atteler à une gestion réelle en faveur des enfants. En vertu des constats, les secours destinés à la protection de l'enfant ne représentent substantiellement rien par rapport aux besoins réels des intéressés. La directrice de l'Institut du Bien-être social et de recherche (IBERS) déclare : 80% des enfants qui se trouvent dans des maisons d'accueil et dans les rues ont une famille. Selon elle, cette situation s'explique par la précarité du niveau économique de leurs familles qui ne peuvent pas subvenir à leurs besoins[4]. A cet effet l'IBESR recommande aux bailleurs de financer les familles à 70% et d'octroyer 30% de leurs fonds aux maisons d'enfants. « En vertu du principe de l'intérêt supérieur de l'enfant, nous essayons de renforcer les familles et les communautés. Cette initiative vise à favoriser un environnement adéquat afin que les enfants puissent grandir ou servir de leurs familles[5] ».

Au cœur du XXIe siècle la situation reste et demeure alarmante en Haïti au regard du droit international des enfants et de l'autre côté, les pays s'organisent et progressent au fur et à mesure. L'IBESR procède à la fermeture de 160 maisons d'accueil en 2016, c'est un bon signe vers le progrès apparemment,

---

3 L'article 49 stipule que : « Présente convention entra en vigueur le trentième jour qui suivra, la date du dépôt auprès du secrétaire générale de l'ONU du vingtième instrument de ratification. »
4 http//www.lenouvelliste.com, consulté le 06/03/2002
5 Ibid.

en 2018 la quantité ne cesse pas de s'augmenter avec 754 maisons d'accueil pour un effectif de 25.813 enfants. Celles qui sont autorisées à fonctionner peuvent être classées dans la catégorie verte et doivent obtenir au moins une note de huit sur 10. Comprise entre 6 et 7, 139 font ainsi partie de la catégorie jaune[6]. La situation des enfants devient encore plus difficile depuis 1986, c'est-à dire depuis le départ du président Jean Claude Duvalier[7].

L'une des causes premières associées à l'origine de l'orphelinat est l'épidémie du VIH /sida. Un enfant devient orphelin parce que l'un de ses parents est décédé du virus. Il peut ou non avoir attrapé la maladie. En 2008 quelque 430.000 enfants ont été infectés par le VIH. L'humanité a été défiée par une prise en charge impérative des enfants abandonnés ; ce qui permet l'existence de l'institution orphelinat[8].

Selon Hope and homes for children, une ONG qui évolue en Afrique, « les enfants en orphelinat sont souvent exposés à des abus et à des négligences. Sans leur famille pour prendre soin d'eux ou sans amis pour s'amuser, ils évoluent dans un monde sans véritable amour[9] ». Le monde constate que cette mesure de prise en charge n'apporte pas de bonheur aux enfants confiés dans les institutions. Cette même Organisation glorifie le gouvernement qui procède à la fermeture d'une centaine d'orphelinats.

On estime qu'à l'échelle mondiale on a plus de huit millions d'enfants vivant dans des Institutions en raison de leurs pauvretés, d'un handicap ou de leur appartenance à un groupe marginalisé[10]. Plus de 80% ne sont pas orphelins.

---

6 http//www.LeNouvelliste, consulté le 06/03/2020

7 Rapport IBESR/UNICEF, « Les enfants en situation difficile en Haïti » Haïti 2002

8 http//www.humanium.org. Consulté le, 22 mars 2020

9 www.stateafrique.com, publié le 25 Aout 2017, consultée 22 mars 2020

10 UNICEF Progres for children: 2006

La plupart des orphelinats sont créés avec les meilleures intentions. Le Nord-Est compte un nombre élevé d'enfants qui se trouvent en situation de vivre dans des Institutions appelées Orphelinats ou Maison d'accueil. Selon le responsable du service d'insertion de l'IBESR/ région Nord-Est, il y'a plus de 17 maisons d'enfants avec un effectif qui varie pour les petites maisons entre 30 à 50 enfants et les grandes maisons contiennent entre 75 à 150 enfants. Suivant ce responsable, deux maisons ont été enregistrées légalement c'est-à-dire elles ont reçu une autorisation de l'IBESR. Ce rapport prouve que 97% des Maisons d'enfants dans le département fonctionnent dans l'illégalité. Néanmoins plus de 80 années de recherches effectuées dans le monde entier ont démontré le préjudice considérable causé aux enfants institutionnalisés qui sont privés de soins parentaux affectueux et souffrent par conséquent d'un préjudice physique et psychologique de toute leur vie[11]. Les bébés en particulier ne parviennent pas à se développer normalement sans une interaction individuelle directe, et les recherches démontrent le grave impact de l'institutionnalisation sur le développement précoce du cerveau. Les enfants retirés des institutions après l'âge de six mois souffrent souvent de troubles développementaux, un handicap, des dommages psychologiques irrémédiables, et des taux accrus de trouble de la santé mentale, de participation à un comportement criminel et suicide. Les enfants ont tout simplement besoin de familles pour s'épanouir[12].

Les rapports de nombreux pays du monde entier démontrent que la prise en charge institutionnelle expose les enfants à un risque accru de violence, d'abus et de négligences aux mains du personnel, des officiels, des bénévoles et des visiteurs responsables de leur bien-être. Les cas d'abus documentés inclus la torture, les coups, l'isolation, les contentions, les

---

11 Berens ET Nelson. The sciences of early adversity, 2015
12 Ibid.

agressions sexuelles, le harcèlement et l'humiliation. Même dans les institutions sans régime disciplinaire sévère, les enfants sont souvent négligés. Il est fréquent que les enfants institutionnalisés n'aient pas accès à l'éducation ou aux loisirs et qu'on les laisse parfois dans leurs berceaux pendant de longues périodes sans contact humain ni stimulation. Les enfants dans les orphelinats et les institutions sont six fois plus susceptibles d'être victimes de violence que leurs pairs élevés dans des familles. Les handicapés dans les institutions sont exposés à un risque encore plus élevé d'abus. Il existe des preuves considérables de signalements de violences physiques, émotionnelles et sexuelles, de discrimination et de violence, notamment de privation de nourriture, d'électrochoc sans anesthésie, d'hystérectomies routinières pour les jeunes filles.[13]

Par ailleurs, à cette époque ou la Communauté internationale et les Organisations de défense des Droits de l'homme en général et l'enfant en particulier accordent une attention particulière à ce sujet, Haïti éprouve toujours des difficultés pour l'application de ces instruments d'où une certaine intégration constitue le canevas de notre problématique.

Il va falloir répondre aux questions suivantes :

- Comment l'Etat s'implique-t-il dans la protection des enfants ?

- Quels sont les prévisions de la loi en matière des enfants en situation difficile dans les Maisons d'accueil ?

- Quelle est la situation réelle des enfants en Haïti ?

Celles-ci sont les questions fondamentales de notre réflexion.

---

13 http://www.Unicef.org/ Violence study/report. Assemblée générale des nations Unies (2006), rapport de l'expert indépendant charge l'étude des nations unies sur la violence à l'encontre des enfants.

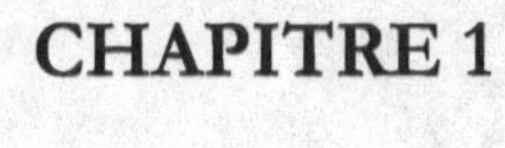

CHAPITRE 1

Histoire et cadre juridique de la Convention relative aux droits de l'enfant

A côté d'importantes études en médecine et en sciences humaines sur l'enfant, la codification des droits de ce dernier s'est révélée impérieuse et nécessaire. C'est ainsi que le 20 Novembre 1989, L'Assemblée Générale de Nations Unies (AG/NU) que nous allons présenter dans les lignes qui suivent la Convention Relative aux Droits de l'Enfant adoptée par Haïti, elle a été signée le 26 janvier 1990 et ratifiée par le parlement haïtien le 18 janvier 1995.

La Convention relative aux droits de l'enfant est d'abord un accord écrit autour duquel les Nations Unies (NU), font consensus et dont les dispositions visent l'instauration des normes acceptables par tous. Œuvre d'un groupe de travail crée par la Commission des droits de l'homme Des N.U, son élaboration a connu outre la participation des représentants des gouvernements, celle des organes et institutions spécialisées des Nations Unies (N.U). Dont le haut-commissariat pour les réfugiés (HCR), l'OIT, les fonds des NU. Pour l'enfance, l'OMS, ainsi que celle de nombreuses organisations non gouvernementales. Elle est aussi un ensemble entier et cohérent qui affecte de manière certaine l'attitude du monde envers les enfants. En effet, ouverte à la signature le 26 janvier 1990, la convention relative aux droits de l'enfant est le premier traité sur les droits de l'homme qui soit devenu quasi universel avec pour résultat le fait que 99% des enfants dans le monde vivent dans les pays qui l'ont ratifiée.

Au 02 septembre 1990, soit six mois après son ouverture à la signature, la convention a atteint le nombre requis de ratification pour son entrée en vigueur une année plus tard ; et au moins 94 états en sont devenus parties[14]. A la fin de 1995, au moins 191 Etats, dont Haïti, l'ont ratifiée selon les statistiques du 23 janvier 1998. Ce traité qui connait un nombre sans précédent de ratification, revêt un grand intérêt car, à la différence des autres traités sur les droits de l'homme, il va au-delà des droits civils et politiques, il préconise l'octroi des soins médicaux primaires et d'une éducation de base aux enfants, et proclame au niveau universel l'ensemble des droits par opposition aux instruments antérieurs des droits de l'homme[15].

Enfin, la CDE est un texte fondateur qui permet ou permettra de rompre avec une certaine latence sur les droits de l'enfant depuis un peu plus d'un siècle[16]. Elle a permis en fait de relancer les débats sur la place de l'enfant dans nos sociétés contemporaines et à ajouter un certain nombre de droits qui n'avaient jamais fait l'objet d'une tradition conventionnelle internationale telle : La protection de l'identité de l'enfant. Outre l'exploit réalisé dans son évolution historique, la convention dispose d'un contenu propre dont l'examen se révèle utile dans l'analyse qui suit.

Nombreux sont les écrits et témoignages sur les situations vécues par les enfants à travers le monde[17]. En remontant dans le temps anciens, l'histoire nous révèle qu'il existait aussi quelques dispositions relatives à l'éducation de l'enfant et à l'intervention de l'Etat, mais l'enfant restait objet des autres produits de son activités. C'est pourquoi, à Rome comme en

---

14 CYNTHIAP, STUAR H., KOSLOK S., «the convention on the right of child, developing in information model computers the morning of developing in of treaty compliance», in human right quality, vol 14,1992, p. 216
15 http//www.Unicicef.org/French, origine des droits de l'homme, la convention relative des droits de l'enfant, consulté le 02 Avril 2020.
16 Ibid.
17 PAULINE COTE ET JOHN KABARE, université de Laval, professeur de sciences politiques

Grèce, l'avortement et l'infanticide étaient utilisés à des fins de régulation des naissances ou en cas d'eugénisme. Ainsi nous constatons l'idée d'assurer à l'enfant une protection particulière est ancienne quand bien même nous arrêtons notre réflexion sur les droits des enfants dans les maisons d'accueil au regard des traités et conventions consacrés aux enfants. Ainsi, face à l'aggravation de la situation des enfants dans le monde, il s'est avéré nécessaire de leur assurer une protection spéciale. Ce fut l'origine de la déclaration des droits de l'enfant proclamés dans la résolution de 1986 de l'AG/NU du 20 novembre 1959, acte consacrant dix (10) grands principes inspirés de la Déclaration de 1924.

Force est de constater que la CDE découle directement de l'année internationale de l'enfant de 1979. Mais, pour en trouver l'origine, il faut remonter jusqu' à la Déclaration de Genève de 1924, qui est le premier instrument international stipulant que : « L'humanité se droit de donner à l'enfant le meilleur d'elle-même[18] ». Cette déclaration avait été préparée par l'union internationale « SAVE THE CHILDREN[19] », une organisation non gouvernementale créée par EGLANTINE JEBB et DOROTHY BUXTON, le 15 Avril 1919, pour répondre au besoin des enfants lors du contrecoup de la première guerre mondiale, et avait été adoptée par la SDN en 1924 dans l'intention d'aboutir à la mise en œuvre des règles plus contraignantes. Ce souhait sombra malheureusement en même temps avec la SDN lorsqu'éclata la seconde guerre mondiale[20]. A la fin de cette guerre, les droits de l'enfant firent leurs chemins depuis 1946 (date de la création de l'UNICEF). La plupart des Conventions relatives aux droits de l'homme n'existaient pas encore et ces droits étaient à peine reconnus.

---

18 GUY RAYMOND, Droit de l'enfant et de l'adolescent, le droit Français est-il conforme à la convention internationale des droits de l'enfant ? Paris, 5e Ed, Litec, 2006, pp 452.

19 http//www.save the children.ch, consulté le 02 Avril 2020

20 http//www.universales.fr, historicité de la SDN. Consulté le 02 Avril 2020

Deux ans plus tard, en 1948, la déclaration universelle des droits de l'homme, adoptée à l'unanimité, fut l'esquisse du grand tableau qui constitue aujourd'hui ces droits, dont les traités consacrés entièrement aux femmes et aux enfants.

CHAPITRE 2

Comprendre la notion d'enfant selon la Convention Relative aux Droits de l'Enfant

Le terme « enfant » peut être défini sous divers angles : En général, « enfant » s'oppose à « adulte » de qui il dépend.

L'enfant pourrait signifier tout être humain âge de moins de dix-huit ans, sauf si la majorité est atteinte plutôt en vertu de la législation qui lui est applicable (art 1, CDE). En Haïti cette majorité est fixé à dix-huit ans suivant l'article 16-2 de la constitution haïtienne de 1987.

La CDE définit l'enfant comme étant « Tout être humain âgé de moins de 18 ans, sauf si la majorité est atteinte plutôt en vertu de la législation qui lui est applicable ».

Être enfant, au sens de la convention, tout être humain âgé de moins de dix-huit ans sauf si la majorité est atteinte plutôt en vertu de la législation qui lui est applicable. En effet, tous les Etats parties respectent la responsabilité de prendre des mesures législatives et autres, nécessaires pour mettre en œuvre les droits reconnus dans la CDE. L'enfant étant un être faible qui a besoin de protection, les Etats parties à la CDE respectent la responsabilité, le droit et le devoir qu'ont les parents, où le cas échéant, les membres de la famille élargie ou de la communauté, comme prévu par les coutumes locales les tuteurs ou autres personnes légalement responsables de l'enfant, de donner à celui-ci d'une manière qui correspond au développement de ses capacités, l'orientation et les conseils appropriés à l'exercice des droits que lui reconnait la CDE. Ils reconnaissent que tout enfant a un droit inhérent à la vie et assure aussi dans la mesure du possible le développement de l'enfant.

Le refus des discriminations

Article 2 : Le droit à la non-discrimination

1- « Tous les droits énoncés par la convention doivent être accordés, qu'à tous les autres enfants, filles et garçons. »
2- « Les Etats ne doivent pas violer les droits et doivent les faire respecter pour tous les enfants. »

Cet article reprend, en les appliquant aux enfants, les articles 1 et 7 de la Déclaration Universelle des droits de l'Homme de 1948 qui proclame l'égalité de tous les hommes à la naissance et devant la loi. Le concept de dignité est lié à celui de respecter les enfants en maison d'accueil, handicapés ou des familles riches etc. méritent tous le respect. Notre dignité d'être humain, peut, en effet, être menacée à la fois par des violences physiques et par des atteintes morales et psychologiques. En Haïti la dignité de chacun est garantie par la loi, c'est un droit mais aussi un devoir vis-à-vis des autres. La non-discrimination est un principe inscrit dans la Constitution. Le sommet des Nations Unies de septembre 2005 a fait le point sur ce sujet et a reconnu qu'il y a 100 millions d'enfants non scolarisés dans le monde dont 60 millions étaient des filles[21].

Selon le rapport mondial de suivi sur l'éducation pour tous 2003/2004 de l'UNESCO soixante-seize pays dont Haïti se trouvent dans l'impossibilité d'atteindre l'objectif

---

21 www.indexmundi.com/fr. Consulté le 02 Avril 2020.

de la partie. Les avantages sociaux de l'éducation des filles sont universellement reconnus. En effet, plus une mère est instruite, plus la moralité infantile est réduite. Enfin, plus elles ont fait d'années d'études, plus les femmes tendent à réduire le nombre de leurs enfants. Les Etats parties prennent les mesures appropriées pour qu'un enfant en quête de statut de réfugié ou qu'il est considéré comme refugié en vertu des règles et procédure du droit international ou national applicable, qu'il soit seul ou accompagné de ses parents ou de toute autre personne, bénéficie de protection et de l'assistance humanitaire voulues pour lui permettre de jouir des droits que lui reconnait la CDE ou de caractère humanitaire auxquels lesdits Etats sont parties

Article 22. Le droit de l'enfant refugié.

1- L'enfant a le droit d'être considéré comme refugié. Il est protégé par le droit international, ou accompagné de ses parents ou d'autres adultes.

2- Si tu es dans une telle situation, les États et les organisations internationales devront t'aider. Ils devront t'aider à trouver tes parents, ta famille, si tu as été séparé. Si ta famille ne peut être retrouvée, tu seras protégé et tes droits seront reconnus.

Cet article reprend, en le précisant, l'article 14 déclaration universelle des droits de l'homme de 1948 qui indique notamment que devant la persécution, toute personne a le droit de chercher asile et de bénéficier de l'asile en d'autres pays. Si on veut faire le point sur les droits de l'enfant refugié qui, à ce jour ne diffère pas de ceux d'adulte, on se doit d'abord de définir les termes de refugié, d'immigrer et d'étranger.

Un étranger est une personne qui a une autre nationalité que celle du pays où elle réside. Tous les étranges ne sont pas des immigrés, on peut être haïtien né en France ayant garde la nationalité haïtienne de ses parents.

Un immigré est une personne née à l'étranger et ayant migré en Haïti. Après son arrivée en Haïti, un immigré peut devenir haïtien, par acquisition ou garder sa nationalité

Les demandeurs d'asile sont des étrangers arrivés régulièrement ou non sur un sol et qui demandent la protection de l'Etat en question. Leur statut est régi par la Convention de Genève de 1951 qui définit le refugié comme une personne qui, craignant avec raison d'être persécuté du fait de sa race, de sa religion, de sa nationalité, de son appartenance à un certain groupe social ou de ses opinions politiques, se trouve hors du pays dont elle a la nationalité et qui ne peut ou, du fait de cette crainte, ne veut se réclamer de la protection de ce pays.

Article23 : Les droits de l'enfant handicapé

« 1. L'enfants handicapé mentalement ou physiquement a le droit de mener une vie décente dans la dignité pour parvenir au maximum d'autonomie. Il doit pouvoir participer à la vie de la collectivité. »

« 2. Les Etats doivent reconnaitre à tous les enfants handicapés le droit de bénéficier de soins spéciaux si nécessaire, une aide supplémentaire sera accordée à leurs parents. »

« 3. Cette aide sera autant que possible gratuite, afin d'assurer à l'enfant handicapé le droit à l'éducation, à la formation, aux soins de la santé, à la rééducation, à la préparation à l'emploi, aux loisirs, à l'intégration sociale, ainsi qu'à l'épanouissement personnel. »

« 4. Les Etats échangeront toutes les informations utiles sur l'aide aux enfants handicapés. Les pays en développement seront particulièrement aidés.» Malgré, l'effort (bien entendu insuffisant), de certains organismes privés, l'Etat haïtien arrive difficilement à accompagner les enfants handicapés.

Le droit à la vie, à l'identité, à la nationalité

Article 6 : le droit à la vie et au développement

« 1. Comme tout enfant, tu as droit à la vie »

« 2. L'Etat doit assurer ta survie et ton développement »

La première partie de cet article repend l'article 3 de la déclaration universelle des droits de l'homme de 1948, rédigée dans le cadre de l'ONU qui proclame pour la première fois, le droit à la vie : « tout individu a droit à la vie, à la liberté et à la sureté de sa personne ».

Le droit à la vie, n'est pas respecté dans les pays du monde où la peine capitale existe encore pour les enfants. La peine de mort pour les mineurs était appliquée jusqu'à une période récente dans certains Etats des Etats-Unis comme Alabama et le Texas.

En Haïti, nous connaissons, les exécutions sommaires des enfants kidnappés et tués malgré le versement de la rançon.

La deuxième partie de l'article proclame pour les enfants le droit à la survie et ou développement et engage la responsabilité des Etats signataires de la convention. Dans le monde, le niveau de vie des enfants peut être mesuré à l'aide de l'indice de développement humain (IDH) qui combine l'espérance de vie à la naissance, le niveau d'instruction (Taux d'alphabétisation et nombre d'années d'études) et le revenu par habitant. Le droit à la survie et au développement se mesure aussi à l'aide du taux de mortalité des enfants de moins de cinq ans : c'est-à-dire le nombre de décès entre la naissance et le cinquième anniversaire pour 1000 naissances vivantes.

ARTICLE 7 : Le droit à un nom et à une nationalité

1. Dès ta naissance, tu as droit à un nom et à une nationalité. Tu as droit de connaitre tes parents et d'être élevé par eux dans la mesure du possible.

2. Les Etats doivent respecter ce droit, même si l'enfant est apatride.

Cet article reconnait à l'enfant trois droits : le droit à l'identité, le droit à une nationalité, le droit de connaitre ces parents. L'identité est, avec la nationalité, l'un des attributs de la citoyenneté. Elle est indispensable pour fixer les droits et les obligations de chaque membre d'une société et régler les situations entre les individus. Sans certificat de naissance, l'enfant est privé d'identité officielle. L'enfant dès sa naissance, est enregistrée et a droit à un nom, le droit d'acquérir une nationalité et, dans la mesure du possible le droit de connaitre ses parents et d'être élevé par eux. Les états parties s'engagent à respecter les droits de présenter son identité, y compris sa nationalité, son nom et ses relations familiales, tels qu'ils sont reconnus par la loi, sans ingérence illégale. Les Etats partie veuillent à ce que l'enfant ne soit pas séparé de ses parents, à moins que les autorités compétentes ne décident, conforment aux lois et procédures applicables, que cette séparation est nécessaire dans l'intérêt supérieur de l'enfant. L'organisation de défense des droits humains JURIMEDIA, une centaine de représentants de la société civile et d'instances publiques locales se sont réunis à l'Hôtel idéal de Ouanaminthe ce lundi 7 juillet 2014 pour débattre de la problématique de l'identification des enfants haïtiens. « Batistè anrejistre » tel est le thème central de cette rencontre. Les intervenants ont souligné que 40% de la population Haïtienne sont dépourvus d'acte de naissance. Et des 60% qui en sont pourvus, il est probable de trouver un bon nombre de cas d'acte non enregistrés, et par conséquent, absolument nuls. L'arrêté du 8 janvier 2014 accorde un délai de cinq ans à toute personne dépourvue de l'acte de naissance de faire une déclaration tardive sans passer par la procédure de jugement. En 2008, il existe en Haïti 185 bureaux d'état civil, dont 150 établis dans les villes (soit 81,10%), 32 dans les quartiers (soit 17,30%) et seulement trois dans les sections communales (soit 1,6%)[22].

Article 19 : Le droit à la protection

Le droit d'être protégé contre les mauvais traitements.

1. L'Etat doit se protéger contre toutes formes de violence et de brutalités physiques ou mentales, que tu sois sous la garde de tes parents ou de toute autre personne à qui tu es confié, l'état dois se protéger contre l'abandon, l'absence de soins, les mauvais traitements, l'exploitations et la violence sexuelle.

2. L'Etat doit veiller à ce que de telle situation ne se produisent pas. Il prend les dispositions nécessaires.

Article 39 : Le droit à la réadaptation et à la réinsertion

« Si tu as été victime de négligence, d'exploitation, de services, de tortures ou toute autre forme de traitement cruels, les états doivent t'aider à te réadapter et à te réinsérer socialement. » Malgré la convention relative aux droits de l'enfant, la frontière haïtiano-domicaine zone Ouanaminthe remplit d'enfants,

---

22 Article publié dans le Nouvelliste le 09 juillet 2014, consulté 03 avril 2020.

Haïti compte vers les années 2018 près de 80% des enfants détenus, n'ont été jugés, ni condamnés[23], la place dame coincée d'enfants tous les jours et la gare routière aussi, en présence des autorités compétentes dans le domaine de la protection des enfants, des centaines d'enfants se trouvent dans les maisons d'accueil, où on ne respecte pas leurs droits et aussi sillonnent les grandes rues dans le département, parmi eux, on distingue les enfants maltraités, des enfants en risques et des enfants en danger. Les enfants maltraités sont ceux qui sont victimes de violences physiques, d'abus sexuels, de négligences ce qui peut avoir des conséquences sur leurs développements physiques et psychologiques. Les enfants en risques sont ceux qui connaissent des conditions d'existences risquant de mettre en danger leur santé, leur moralité, leur sécurité, leur éducation ou leur entretien mais qui ne sont pas brutalisés. Les enfants en danger constituent l'ensemble formé par les enfants maltraités et les enfants à risques.

Le droit à l'éducation

Article 28 : Le droit à l'éducation

1. Les Etats te reconnaissent le droit à l'éducation sur la base de l'égalité des chances ». Pour cela :

   a) Tu dois pouvoir bénéficier gratuitement de l'enseignement primaire, cet enseignement est obligatoire ;
   b) Les Etats encouragent l'organisation d'un enseignement secondaire. Ils leurs rendent accessible à tous les enfants. Il doit être gratuit. Des aides financières doivent être accordées, en cas de besoin ;
   c) L'enseignement supérieur doit être également accessible en fonction de tes capacités ;

---

23 www.Le nouvelliste.com, Article publié par jean Panel Fanfan dans le Nouvelliste, consulté le 03 Avril 2020.

d) Tu as le droit à une orientation scolaire et professionnelle ;

e) Tout doit être fait pour t'encourager à fréquenter régulièrement l'école.

2. Les Etats doivent veiller à ce que les règles de la vie scolaire respectent ta dignité d'être humain conformément à cette convention. »

3. Les Etats doivent coopérer pour éliminer l'ignorance et l'analphabétisme dans le monde scientifiques et techniques ainsi qu'aux méthodes modernes d'enseignements.

En Haïti, malgré la convention relative aux droits de l'enfant de 1989, on estime que, actuellement, plus de cinq cent mille (500 000) enfants, en âge de fréquenter l'école, ne sont pas scolarisés. La plupart de ceux-ci commencent leur scolarité très tard. Il y'a un demi-siècle, la déclaration des Nations-Unies des droits de l'homme projetait une vision globale de la paix et de la prospérité, dans laquelle le droit à l'éducation avait déjà sa place. Aujourd'hui, la convention de New York de 1989 proclame en son article 28 le droit de tout enfant à l'enseignement primaire qui lui donne les compétences nécessaires pour continuer a apprendre. Dans toute société qui subit des changements fondamentaux, l'éducation des jeunes ressort particulièrement de la transformation des mentalités et du cadre de vie. Son importance en tant que facteur de développement fait que, dans tous les pays, l'éducation est la cible de différent courant d'opinion et particulièrement des acteurs politiques. Bien qu'il soit différent de la plupart des autres droits et libertés, le droit à l'éducation nécessite un minimum d'action de la part de la puissance publique car le droit est vain s'il n'y a pas une éducation organisée. Le rapport de l'Unicef de l'année 2015 a certifié le taux d'alphabétisation en Haïti 64,3% hommes et 57,3% femmes[24].

Le droit à la santé

Article 24 : Le droit à la sante et aux services médicaux

1. Tu as le droit de jouir le meilleur état de santé possible et d'être soigné ».

2. Les Etats assurent en priorité :

a) La réduction de la mortalité infantile ;
b) Le développement des soins essentiels ;
c) Le développement de la lutte contre les maladies et la malnutrition et la fournir d'eau potable ;
d) Le développement de l'aide aux mamans, avant et après l'accouchement.

3. Les Etats aboliront les pratiques traditionnelles dangereuses pour la santé des enfants. Les pays en développement seront pratiquement aidés.

Afin que le droit à la santé soit une réalité pour tous les enfants d'Haïti, il faut que chaque enfant puisse bénéficier de soins appropriés et d'une eau saine. Or, actuellement, le droit à la santé, qui parait pourtant si évident, n'est pas mis en œuvre, notamment à Port-au-Prince, où se situe le seul grand hôpital de l'Etat. La plupart des quartiers bidonvillisés sont touchés par cinq fléaux ; le choléra, la diarrhée, le paludisme, la malnutrition. La maladie qui frappe sérieusement aujourd'hui ces enfants est le Sida.

Les droits de l'enfant et le travail

Article 32 : Le droit à la protection et du travail

---

24 http//www.unicef.org.fr, éducation en Haïti, consulte le 02 avril 2020

1. Tu dois être protégé contre l'exploitation. Nul ne peut être obligé à accomplir un travail dangereux ou nuisant à ton éducation, à ta santé et à ton développement.

2. Les Etats prendront toutes les mesures nécessaires pour le protéger :

a) Ils fixeront un âge minimum à partir duquel tu pourras travailler.

b) Ils établiront des règlements concernant les heures et les conditions de travail ;

c) Ils puniront ceux qui ne respectent pas ces règles ».

Les états qui ont ratifié la convention se sont engagés à protéger les enfants contre l'exploitation et notamment dans le travail. Cependant, même si les statistiques sont difficiles à établir, le bureau international du travail (BIT) estime environ 250 millions d'enfants entre cinq à quatorze ans travaillent dans le monde. Sur la base des données les plus récentes, il est estimé que 352 millions d'enfants de 5 à 17 ans exercent aujourd'hui une activité économique d'un type ou d'un autre[25]. Le chiffre comprend les enfants qui travaillent au lieu d'aller à l'école et ceux qui travaillent après être allé à l'école. Il ne prend pas en compte, les enfants appelés domestiques en Haïti, ceux qui remplissent des tâches ménagères dans les maisons.

Le droit à la protection contre toutes les autres formes d'exploitations

Article 34 : Le droit à la protection contre l'exploitation sexuelle.

---

25 http//www.ilo.org, le rapport sur le travail des enfants : le BIT lance un cri d'alarme, consulté le 04/04/2020

« Les Etats doivent te protéger contre toutes les formes d'exploitation ou de violences sexuelles. Ils doivent prendre toutes les mesures nécessaires pour que :

1. Tu ne sois pas incité ou contrainte à te livrer à une activité sexuelle illégale ;

2. Tu ne sois pas exploité à des fins de prostitution ;

3. Tu ne sois pas exploité dans des productions pornographiques ».

La situation des enfants en Haïti reste alarmante, malgré la convention relative aux droits de l'enfant fait promotion de respect des droits de ces derniers. Dans un article publié dans le nouvelliste le 11 juillet 2019, « la presse haïtienne a rapporté ce mardi 09 juillet 2019 le cas de plusieurs enfants qui seraient âgées de moins de 18 ans qui sont données en concubinage à des hommes plus âgés moyennant des sommes d'argent[26] ».

Article 35 : Le droit à la protection contre l'enlèvement, la vente

« Les Etats doivent également te protéger contre toutes les autres formes d'exploitation. »

Les articles 34 et 35 proclament qu'un enfant ne peut être ni exploité sexuellement ni domestiquement et l'article 36 précise qu'un enfant n'est pas une marchandise, mais un être humain. A Port-au-Prince, notamment la domesticité est monnaie courante. Il est le plus difficile à évaluer. Les petites filles sont placées dès l'âge de six ou huit ans par leur famille trop pauvre pour les élever dans des familles plus aisées qui les emploient comme servante (Restavèk) à tout faire. On estime en Haïti 207.000 enfants se trouvent dans des situations de

---

26 www.Le nouvelliste.com, consulté le 03 Avril 2020.

travail domestiques inacceptables.[27] La plupart de ces petites filles restent cachées, enfermées toute la journée chez les gens qui les utilisent.

Cependant on constate son augmentation en particulier avec la cherté de la vie.

Le droit à la liberté

Article 12 : Le droit à la liberté d'opinion

1. Dès que tu en es capable, tu as le droit de donner ton avis à propos de tout ce qui te concerne. »

2. Les Etats doivent te garantir ce droit ».

Cet article reconnait le droit a la liberté d'opinion et d'expression des enfants. La ratification par Haïti de la convention en 1994 a permis une avancée insignifiante en ce qui concerne la prise en compte de la parole de l'enfant et de l'enfant des maisons d'accueil en particulier.

Article 17 : Le droit à l'information

1. Tu as le droit d'accéder à l'information diversifiée et objective. Les États encouragent les médias à diffuser, à ton intention, des informations utiles au développement de tes connaissances et à la compréhension des autres cultures. Ils encouragent la production de livres pour enfants. Les médias tiendront compte de ta langue, même si elle est minoritaire.

2. L'Etat doit te protéger contre les informations et les documents qui pourraient te nuire » Même si le droit à l'information est reconnu pour les enfants, il y'a nécessité aujourd'hui de les protéger contre des

---

27 Ibid.

informations ou des images qui pourraient les choquer et avoir des conséquences sur leur comportement. En Haïti, cette protection n'est pas assurée, en raison de la prolifération des images violentes et à caractère pornographique qu'on peut voir à travers les rues de Port-au-Prince. Les sociologues, les éducateurs ont mesuré le danger que les images de ce type puissent provoquer sur l'équilibre affectif des enfants et sur leur comportement. Ils garantissent à l'enfant qui est capable de discernement le droit d'exprimer librement son opinion sur toute question intéressante. Les opinions de l'enfant étant prises en considération au regard de son âge et de son degré de maturité.

L'enfant a droit à la liberté d'expression. Les Etats parties respectent le droit de l'enfant à la liberté de penser, de conscience et de religion. Ils prennent toutes les mesures législatives, administratives, sociales et éducatives appropriées pour protéger l'enfant contre toute forme de violence, d'atteinte ou de brutalité physique ou mentale, d'abandon ou de négligence, de mauvais traitement ou d'exploitation y compris la violence sexuelle, pendant qu'il est sous la garde de ses parents ou de l'un d'eux, de son ou de ses représentants légaux ou de toute autre personne à qui il est confié.

Mécanismes de contrôle institué par la Convention Relative aux Droits de l'Enfant

Afin de s'assurer de la mise en œuvre de la convention et des progrès réalisés par les Etats dans la protection des droits de l'enfant, la convention relative aux droits de l'enfant a institué un mécanisme de suivi : le comité des droits de l'enfant[28]. De par l'importance que revêt ce comité, nous jugeons indispensable d'examiner ci-après sa structure ainsi que son organisation et son fonctionnement, et de parler de rapports soumis audit comité par les Etas parties.

Structure du comité des droits de l'enfant

Institué en vertu de l'article 43 des droits de l'enfant, ce comité est un organe de supervision qui dispose d'une structure, d'une organisation ainsi que d'un fonctionnement propre. Il est composé de dix experts de haute moralité et possédant une compétence reconçue dans le domaine visé par la CDE. Ces membres sont élus par les Etats parties parmi les ressortissants et siègent à titre personnel, compte tenue de la nécessité d'assurer une répartition géographique équitable et au regard des principaux systèmes juridiques. Outre les juristes, d'autres personnalités issues de milieux professionnels divers sont élues au comité des droits de l'enfant. Dans sa composition, le premier comité élu à New York, lors de la première réunion tenue du 27 février au 1er avril 1991 par les Etas parties comprenaient : Des assistants sociaux, des économistes et des journalistes.

---

28   http//www.ohchr.org Le comité des droits de l'enfant. Consulté le 04 Avril 2020

Organisation et fonctionnement[29] du comité des droits de l'enfant

Selon les dispositions de l'article 13 de la CDE, les membres du comité sont élus aux scrutins secrets sur une liste de personnes désignées par les Etats parties. Chaque Etat partie peut désigner un candidat parmi ses ressortissants. La première élection a eu lieu dans les six mois suivant la date d'entrée en vigueur de la CDE, et les autres élections suivront tous les deux ans. Quatre mois avant la date de chaque élection, le secrétaire général de l'organisation des Nations unies invitera par écrit les Etats parties à proposer leurs candidats dans un délai de deux mois. Celui-ci dresse ensuite la liste alphabétique des candidats ainsi désignés et la communique aux Etats parties de la présente convention. Notons que les élections auront lieu lors des réunions des Etats parties, convoquées par le secrétaire général au siège de l'organisation des Nations-Unies. A ces deux réunions pour lesquelles le quorum est constitué par les deux tiers des Etats parties, les candidats élus du comité seront ceux qui auront obtenu le plus grand nombre de voix et la majorité absolue des voix des représentants des Etats parties présents et votant. Les membres du comité sont élus ainsi pour quatre ans. Ils sont par contre rééligibles si leur candidature est présentée à nouveau. Le mandat de cinq des membres élus lors de la première élection prend fin au bout de deux ans. Ainsi, les noms de ces cinq membres seront tirés au sort par le président de la réunion immédiatement après la première élection. En cas de décès ou de démission d'un membre du comité, ou si, ou toute autre raison, un membre déclarait ne plus pouvoir exercée ses fonctions au sein du comité, l'Etat partie qui avait présenté sa candidature au poste ainsi vacant

---

29 Madeleine Genot, Journal des droits de l'enfant, 2012, N°314 pp 46-47

s'interdit de présenter une autre jusqu'à l'expiration du mandat correspondant, sous réserve de l'approbation du comité.

Le comité adopte son règlement, élit son bureau pour une période de deux ans. Les réunions du comité se tiennent normalement au siège de l'organisation des Nations-Unies ou en tout autres lieux appropriés déterminé par le comité. Ce dernier se réunit normalement chaque année. La durée de ces sessions est déterminée et modifiée si nécessaire par une réunion des états parties à la convention relative aux droits de l'enfant, sous réserve de l'application de l'assemblée générale des nations-Unies[30]. Le secrétaire général des nations-unies met à la disposition du comité. Le personnel et les installations qui lui sont nécessaire pour s'acquitter efficacement des fonctions qui lui sont confiées en vertu de la convention relative aux droits de l'enfant. Les membres du comité institués en vertu de la convention relative aux droits de l'enfant reçoivent avec l'approbation de l'assemblée générale, des émoluments prélevés sur les ressources de l'organisation des Nations-Unies dans les conditions et selon les modalités fixées par l'assemblée générale des Nations-Unies.

Les rapports des Etats parties

Les rapports des Etats parties institués par tous les instruments internationaux, le mécanisme des rapports est aussi prévu par la Convention relative aux droits de l'enfant, et est obligatoire. Il permet ainsi au comité des droits de l'enfant de s'assurer de l'application de la convention par les Etats parties. En effet, aux termes de l'article 44 de la Convention de new York de 1989, les Etats parties s'engagent à soumettre au comité par l'entremise du secrétaire général des Nations-Unies,

---

30 Ibid.

des rapports sur les mesures qu'ils auront adoptées pour donner effet aux droits reconnus dans la présente convention et sur les progrès réalisés dans la jouissance de ces droits. C'est ainsi que nous pensons articuler l'examen de ce mécanisme autour de deux points suivants, relatifs aux types de rapports et délai de présentation ainsi qu'à la forme et au contenu des rapports

Types de rapport et délai de présentation

L'examen des textes conventionnels, des règlements intérieurs du comité et de la pratique de ces derniers permet de dégager quatre types des rapports : les rapports initiaux, les rapports périodiques, les rapports additionnels étant celui qui est demandé à un Etat partie en cas de souvenance d'une circonstance aggravante particulière susceptible de menacer les droits protégés.

Forme et contenu des rapports

Généralement les instruments conventionnels ne déterminé pas la forme que les Etats parties doivent donner aux rapports qu'ils présentent aux organes de supervision, et la Convention relative au droit de l'enfant ne fait pas exception à cette pratique. En effet, en son article 44.2, la fameuse Convention se limite à dire que les rapports doivent indiquer les facteurs et les difficultés empêchant les Etats parties de s'acquitter pleinement des obligations prévues dans ladite Convention. Mais elle ne fait pas allusion à la forme que doit revêtir un rapport. Quant au contenu, il est demandé dans les directives que les rapports constituent des renseignements d'ordre législatifs, judiciaires, administratifs, ou autre notamment statistique. Ainsi, pour faciliter la tâche des gouvernements, le comité décida de regrouper les directives concernant les rapports en fonction des thèmes qu'elles abordent.

L'ordre logique peut se faire suivant la disposition des articles :

- La définition de l'enfant (article 1)
- Les principes généraux (article 2, 3, 6 et 12)
- Libertés et droits civils (article 7, 8, 13 à 17 et article 37)
- La santé et le bien-être de l'enfant (article 6,18, 23, 24, 26, 27)
- L'éducation les loisirs et les activités culturelles (article 28,29 et 31)
- Milieu familiale et protection de l'emplacement (article 1, 5, 9,10, 18)

En vertu de tout ce que nous venons d'exposer dans le premier chapitre de notre travail de recherche, il est fort de constater que la Convention Relative aux Droits de l'Enfant reconnu par la plupart des pays dont Haïti, est un précieux outil qui pourrait permettre à tout enfant sans distinction aucune de jouir de tous les privilèges que sa situation nécessite par exemple: le droit à l'éducation, à la santé, au loisir etc. Si effectivement cet instrument a été appliqué conformément à son contenu, il est certain qu'il n'y aurait pas autant d'enfants nécessiteux, non scolarisés et maltraités sur la planète.

C'est bien dommage, c'est avec larmes aux yeux que nous assistons à une scène, à un spectacle bien pire, triste et révoltant touchant un grand nombre incalculable d'enfants vivant dans des conditions lamentables on ne peut plus contrairement aux stipulations de la Convention. En Haïti la question apparait catastrophique si l'on se réfère aux constats et aux différents documents relatifs à ce sujet dans lesquels nous avons lu. Dans le chapitre qui suit, il sera question de cadre juridique national des droits de l'enfant. Il comprend deux sections : Dans la première partie nous aborderons de l'état d'acceptation du CDE avec une analyse des principaux droits de l'enfant en Haïti et la deuxième partie contienne les mesures prises par le législateur haïtien en vue de protéger l'enfant.

CHAPITRE 3

De la ratification de la Convention Relative aux Droits de l'Enfant à l'analyse des principaux droits de l'enfant en Haïti

Avant la chute du régime de François Duvalier, on pouvait croire que les droits de l'enfant existaient, étant donné qu'il n'y avait pas beaucoup de centres d'accueil dans le pays en raison de la prise en charge des parents et un état fort qui accompagne les familles. Pourtant après la chute de Jean-Claude Duvalier, en particulier vers les années 1990, la situation est devenue critique. Pour certains observateurs attentifs les facteurs socio-économiques et culturels, l'influence du modernisme, l'explosion démographique, de la recrudescence des conflits armés, les crises politiques répétées, l'exode rural etc. Sont à l'origine de la précarité enregistrée en Haïti. Cela nous fait comprendre que tous ces éléments cités ci-dessus ont affecté notre sens communautaire et l'on détruit au point que certains enfants sont aujourd'hui laissés à la merci de la nature. Ainsi, Haïti s'étant rendu compte de l'impérieuse nécessité d'assurer un avenir meilleur à l'enfant, favorablement répondu à l'appel de la communauté internationale en prenant part à la ratification des droits de l'enfant. Cependant, la question qui reste pendante est celle de savoir le degré d'implication d'Haïti dans la mise en œuvre de cette convention. Il s'agira donc d'examiner le niveau d'application de cette convention à travers des lois haïtiennes.

De l'état d'acceptation de la convention relative aux droits de l'enfant en Haïti

Aujourd'hui plus que jamais, le traité repris au titre ci-dessus constitue l'instrument privilégié des relations et de coopération, et les états y recourent dans les domaines les plus variées et par diverses dénominations, à savoir : charte, pacte, convention, accord, le traité est défini d'abord comme un contrat. Il résulte de l'accord de deux ou plusieurs volontés en vue d'atteindre un but. Ensuite, au sens strict, il n'est conclu par des états que lorsque ceux-ci ont définitivement exprimé leurs consentements à être liés par des dispositions. De plus en plus, aujourd'hui, les traités sont élaborés dans le cadre des organisations internationales ; celles-ci mettent en œuvre des techniques qui visent à favoriser l'élaboration de l'entrée en vigueur des traités tant en les soumettant à l'acceptation des Etats mais dans le cadre des procédures qui limitent de plus en plus leurs volontés particulières. Ainsi Haïti a ratifié la convention relative aux droits de l'enfant. En outre, étant de pratique constitutionnelle constante, est de tradition moniste avec primauté du droit international sur le droit interne une fois que les traités ont été régulièrement ratifiés et publié au journal officiel.

De l'analyse des principaux droits de l'enfance en Haïti

L'enfant ne doit pas se sentir délaissé et abandonné à lui-même. Il lui faut vivre dans un milieu serein pour son épanouissement. L'intérêt supérieur de l'enfant doit être une préoccupation de toute autorité publique et privée, des parents et des intervenants de la jeunesse, sur le plan social en respectant ses droits. La Constitution de 1987[31] n'est pas très abondante en ce qui concerne les enfants. A part les grandes obligations relatives à l'éducation primaire gratuite, elle ne parle pas beaucoup des mineurs. On le trouve dans deux articles :

-L'article 16.2

-L'article 261

Des mesures prises par les Législateurs haïtiens en vue de protéger l'Enfant

Haïti compte parmi les nombreux pays qui ont ratifié cette convention. Nous examinons l'état d'application de celle-ci au travers de quelques mesures prises par le législateur haïtien tant en matière civile qu'en matière pénale.

Les mineurs en droit civil

Le code civil promulgue en 1825 traité la filiation[32], de la parenté, et d'obligations qu'ils ont vis-à-vis des leurs parents quand ceux-ci ne sont plus en mesure de se prendre en charge. Dans le décret du 27 janvier 1959 consacrant l'égalité des enfants naturels et des enfants légitimes[33], on y trouve aussi les mesures de protection de leurs patrimoines et héritage si l'un des parents ou les deux viennent à mourir et laisse des biens en gestion par un tuteur ou autre responsable de la

---

31 Constitution de la République d'Haïti du 29 Mars 1987 amendée le Mai 2011, les éditions Fardin aout 2012.
32 Patrick Pierre-Louis, Code Civil mis a jour et annote.
33 Ibid.

parenté, de la reconnaissance des enfants et des obligations qu'ils ont vis-à-vis de leurs parents quand ceux-ci ne sont plus en mesure de se prendre en charge. On ne doit pas manquer de mentionner que le Code civil fait état de quatre (4) « qualité d'enfants ». Les enfants légitimes, les enfants naturels, les enfants adultérins et les enfants incestueux. Les deux premiers groupes ont droit à un acte de naissance mentionnant le nom du père alors que pour les deux autres c'est formellement interdit à l'officier de l'Etat Civil.

Le 23 mars 1928, une Loi est votée par le Parlement d'alors, déclarant le Commissaire du Gouvernement protecteur naturel des enfants et lui faisant obligation formelle d'intervenir toutes les fois qu'il y a mineur en cause, même lorsqu'on ne lui porte pas plainte. Une loi créant « La Maison centrale » est promulguée le 20 octobre 1909. Cette maison est à la fois un établissement de correction et une maison d'apprentissage qui a pour objectif d'éduquer tout enfant qu'elle soustrait à l'oisiveté et au vagabondage. Un décret-loi du 7 juin 1938 l'a réorganisée en « Centre d'apprentissage professionnel dénommé « Maison de rééducation ». Le décret du 3 décembre 1973 régissant le statut des mineurs dans les maisons d'enfants, désigne le magistrat communal comme personne responsable de faire toute déclaration provisoire d'enfants abandonnés qui sont recueillis dans ces « Orphelinats » De plus ce décret prévoit les conditions de fonctionnement de ces orphelinats et leurs obligations vis-à-vis des enfants et de l'état. Le décret du 8 décembre 1960, faisant obligation aux pères et mères ou personne responsable d'un mineur de l'envoyer à l'école et qui le sanctionne d'emprisonnement quand l'enfant est trouvé dans la rue, en train d'errer au lieu d'être à l'école ou dans un centre professionnel. En 1966 un décret introduit l'adoption de nos mineurs. Il est modifié par le Décret du 4 avril 1974 qui trace la procédure, les conditions de l'adoption et les droits des enfants dans leur nouvelle famille. Un Décret promulgué le 8 octobre 1982 stipule en son article 4 « Les époux pourvoient ensemble a l'entretien et à l'éducation des enfants et préparent leur avenir ». L'article 5 de ce décret stipule que « La puissance paternelle est remplacée par l'autorité parentale ». Le dernier texte législatif relatif à la protection des enfants est le décret voté au parlement le 10 septembre 2001 « interdisant les châtiments corporels contre les enfants ».

Les enfants dans le code du travail

Dans le code du travail haïtien[34] plus d'une vingtaine d'articles ont été consacrés aux enfants dans ces relations du travail, soit avec l'employeur d'une entreprise commerciale, industrielle ou agricole, soit avec les responsables du domicile qui va les recevoir. L'âge spécifique de tout enfant accepté par ces employeurs est déterminé. Les conditions dans lesquelles il doit travailler, le minimum qui doit lui être fourni, les soins de santé, d'éducation et même de loisir qui lui sont dus. A l'article 2 de ce code, il y a une définition propre pour le mot « Travail », Le terme «travail» désigne toute activité humaine libre, manuelle ou intellectuelle, permanente ou temporaire, exécutée de son plein gré par une personne privée au service d'un tiers, quel que soit son objet, pourvu qu'elle découle des stipulations d'un contrat de travail. Le travail a un caractère permanent, que le contrat de travail soit à durée déterminée ou indéterminée, lorsque la prestation de services peut se poursuivre normalement et sans interruption pendant la

---

34 Code du Travail Haïtien, Décret du 24 février 1984 et Loi du jeudi 5 juin 2003, **actualisant le Code du travail du 12 septembre 1961.**

durée de l'entreprise.

Le travail a un caractère provisoire lorsque la prestation de services est accidentelle, n'étant pas liée à la vie de l'entreprise ou devant prendre fin avec les circonstances qui l'ont rendue nécessaire. Ce travail s'exerce librement dans le cadre de la Constitution et de la loi.

Du travail des enfants

Dans les articles 333 à 340, le législateur parle des conditions de travail du mineur[35] dans ces entreprises industrielles, agricoles ou commerciales, il est clairement stipulé que le mineur de moins de 15 ans ne peut y travailler. La direction du travail du ministère des affaires sociales est l'instance en charge de la protection du mineur face à tout employeur. Une pénalité est prévue pour tout patron qui emploierait un mineur dans des conditions autre que celle prévue dans ces articles

Des enfants en services

Le législateur haïtien a consacré les articles 341 à 356 du Code du Travail pour poser les conditions de travail des enfants en services, c'est-à-dire en domesticité, connu sous le nom de « Restavèk ». Pour engager un enfant de même pour s'en dégager, il faut que l'institut du bien-être social et de recherche (IBESR) instance du ministère des affaires sociales soit mis en cause et donne l'autorisation à la famille d'accueil. L'âge prévu pour que le mineur soit en service est de 12 à 15 ans. Il est prévu dans ce code que dans les villes ou l'IBESR n'est pas présent, l'administration communale se charge de veiller aux conditions d'accueil, d'hébergement et de traitement de ces enfants.

---

35 Ibid

Les mineurs en droit pénal

Lors de la promulgation du code pénal en 1835[36], on y trouvait deux articles concernant les mineurs. L'article 280 qui précise que « si le crime de viol est commis sur la personne d'un enfant au-dessous de l'âge de quinze ans accomplis, le coupable subira la peine des travaux forces à temps ». Et dans l'article 281 il est mentionné que : « Quiconque aura attente aux mœurs en excitant, favorisant ou facilitant, habituellement le débauche ou la corruption de la jeunesse de l'un ou l'autre sexe au-dessous de l'âge de 21ans… » (Suivent une série de sanctions prévues).

NB. - A cette époque la majorité était fixé à 25 ans pour les hommes et de 21 ans pour les femmes.

Dans le code pénal la prostitution n'est pas définie en tant que telle. Mais dans les articles 278, 279, 280 et 281, toutes personnes qui sont trouvées coupable d'outrage public à la pudeur, d'attentat ou de viols tente avec violence ou pas, seront sanctionnées, selon le genre de rapport qu'ils entretiennent avec la victime. Dans ces articles relatifs à tous rapports sexuels entre individus, plus spécifiquement avec des enfants ou des dépendants, tentés ou réalisés avec violence, le législateur n'a pas prévu de structures spécifiques pour sanctionner et réhabilité les victimes de cette exploitation sexuelle. Il a fallu attendre la loi du 7 septembre 1961 sur le tribunal pour enfant pour que l'article 50 du code pénal se trouve modifié et prévoie un traitement spécial pour le « prévenu ou l'accusé qui aura plus de treize ans et moins

---

36 Code Pénal Haïtien, mis à jour et annote par Menan Pierre Pierre-louis et Patrick Pierre-Louis, éditions Areytos 2007

de seize ans… » La majorité pénale est depuis considérée comme étant 16 ans accomplis.

Ce qui signifie que lorsque le mineur commet une infraction on le considère pleinement responsable dès qu'il a 16 ans, alors, il est jugé comme n'importe quel adulte.

Les sanctions

Les sanctions prévues par le Code pénal[37], contre toute personne qui serait trouvée coupable de ces infractions sont de deux types :

Les sanctions civiles : telles le retrait de l'enfant de la responsabilité du parent est la sanction prévue, l'interdiction de toute tutelle ou de toute participation aux conseils de famille, pendant deux ans au moins et cinq ans au plus pour les personnes ayant autorité ou entretiennent des rapports hiérarchiques ; et pendant dix ans au moins et vingt ans au plus lorsque les coupables sont les parents ou toute personne responsable.

Les sanctions pénales qui dépendent de la « qualité » de la personne coupable d'initiation à la prostitution, d'outrage publique à la pudeur, du crime de viol sur la personne de tout mineur en général et plus particulièrement des mineurs de moins de 15 ans.

Travaux forcés à temps : 3 ans au moins et 15 ans au plus ; (l'article 19 code pénal).

Détention : 10 ans au moins et 9 ans au plus (Article 19 code Pénal).

---

37 Ibid.

Réclusion : 3 ans au moins et 9 ans au plus (Article 20 code Pénal).

Le Tribunal pour enfant

Quelques mots sur cette instance prévue par nos textes : Le tribunal pour enfant. La première fois que le législateur haïtien a créé cette instance c'est par la loi du 16 juillet 1952 (moniteur N⁰ 66 du 31 juillet 1952). Instituant dans chacun des tribunaux civils. « Une section de la jeunesse délinquante » appelée à connaitre des crimes et délits commis par les mineurs de moins de 16 ans. En 1961, deux autres textes l'ont modifié, la loi du 7 septembre 1961(moniteur no 94 du 02 octobre 1961) sur le mineur en face de la loi pénale des tribunaux spéciaux pour enfants et le décret du 20 novembre1961(moniteur No 108 du 20 novembre 1961) instituant le tribunal pour enfant à Port-au-Prince, en attendant de pouvoir l'installer dans toutes les juridictions prévues dans la loi du 7 septembre. Mais, ce tribunal ne prévoit aucune mesure contre les mauvais traitements faits aux enfants. Il est créé pour condamner les enfants accusés d'infractions mais pas les enfants victimes de mauvais traitements.

Des obstacles relatifs à l'application de la Convention Internationale Relative aux Droits de l'Enfant

Le cadre juridique est désuet et non conforme aux conventions internationales ratifiées par l'état haïtien. L'enfant haïtien en général n'est pas protégé et encore moins les enfants abandonnés, les enfants dans les maisons d'accueil sont livrés à eux-mêmes. Le cadre institutionnel est aussi très limité, la problématique des enfants en situation dans les maisons d'accueil est diluée avec celles qui sont en situations difficile.

Au niveau de l'Etat, il n'existe aucun plan national visant la protection de l'enfant ni de structures d'encadrement des institutions civiles travaillant dans le domaine, une seule institution étatique, l'Institut du bien-être Social et de recherche, est responsable des enfants en situation difficile. Elle dispose de peu de ressources et atteint un nombre limité des enfants dont la charge lui incombe. Au niveau de la société civile, aucune institution n'a de programme spécifiques et durables et complets visant cette problématique. Ces enfants sont pris en charge de façon fragmentaire, par des institutions caritatives qui s'adressent à des enfants en situation difficile. Ces institutions sont bien conscientes de l'existence du problème, elles souhaitent, toute une synergique avec l'Etat en vue de mieux le connaitre et de le définir les stratégies pour y faire face. Les mineurs sont très conscients de leur situation, ils l'attribuent comme pour beaucoup d'adultes principalement à des conditions économiques désastreuses et demandent quasi unanimement que quelque chose soit fait pour les retirer dans les Centres d'accueil afin d'intégrer la vie normale des jeunes.

Les obstacles à l'application de la Convention relative aux droits de l'enfant en droit haïtien peuvent apparaitre dans de multiples aspects qui gouvernent la vie de l'enfant, les quelques aspects sont notamment d'ordre juridique, mais aussi politique, matériel et socio- culturel.

Sur le plan juridico-politique

Pour apprécier une loi, il faut tenir compte à la fois du niveau déclaratif et du niveau pratique. L'obstacle majeur à l'application de la CDE est l'écart qui existe entre la pratique et la prévision légale. En effet, en dépit de certaines lacunes et insuffisances relevées, les textes juridiques et réglementaires haïtiens contiennent plusieurs dispositions favorables au respect des droits de l'enfant. Malheureusement, l'implication réelle et véritable de l'autorité publique y est absente pour mettre en place l'infrastructure nécessaire, organiser les mesures d'exécution et contrôler l'application des textes en vigueur. La ratification ne suffit pas pour qu'un instrument juridique international intègre l'ordre interne dès lors que le texte ratifié a été publié au journal officiel pour que les citoyens en prennent connaissance et le cas échéant l'évoquent devant les juridictions du pays. Le quotient indique d'ailleurs que les justiciables, victimes des violations des droits reconnus dans les conventions internationales, et particulièrement la convention relative aux droits de l'enfant est pour l'état haïtien, plus un fait que véritablement sociale. Certes, Haïti a accompli un effet en ratifiant la convention conformément à l'article 47 de cet instrument juridique, mais cela ne suffit pas. Elle devra aussi répondre aux recommandations de l'article 42 qui impose l'obligation de faire connaitre largement les droits contenus dans la convention tant aux adultes qu'aux enfants et de soumettre périodiquement au comité des nations-Unies des droits de l'enfants les rapports sur les mesures qu'elle aurait adoptés pour donner effet aux droits de l'enfant (article 44).

Le grand écart entre la législation internationale et la législation nationale

La norme constitutionnelle haïtienne fait « des traités ou accords internationaux, une fois sanctionnés et ratifiés dans les formes prévues par la constitution, font partie de la législation du pays et abrogent toutes les lois qui leur sont contraires ». En d'autres termes, le fait par l'état haïtien d'avoir ratifié la convention internationale des droits de l'enfant suffit pour que notre législation soit en adéquation avec la législation internationale. L'usage de ces normes nouvelles ne rentre pas dans la pratique des magistrats et des justiciables les écarts que nous pouvons mentionner quant à l'adéquation de la législation haïtienne relativement à la législation internationale peuvent se situer à deux niveaux ; le premier, relatif à la législation et le second par rapport à notre réalité. Le premier commentaire concerne les contradictions de notre législation sur l'âge du mineur. La convention dit que le mineur est celui qui n'a pas dix-huit ans, mais pénalement est celui qui a seize ans accomplis. De ce fait, le mineur de dix-sept ans qui commet une infraction, en principe est passible du tribunal de droit commun, entendons tribunal pour adulte, mais ne peut ou ne devrait se retrouver en prison avec des adultes. Un autre commentaire concernant le libellé de l'article 280 du code pénal « si le crime de viol a été commis sur la personne d'un enfant au-dessous de l'âge de quinze ans accomplis », cela veut dire que le mineur de plus de quinze ans ne bénéficie pas de la même protection. De même, dans ces articles on ne prévoir absolument aucune assistance pour le mineur victime du viol de l'attentat de viol avec violence. Aucune instance « spéciale » pour recevoir les plaintes des mineurs ou de toutes personnes qui peuvent être au courant des violations dont ils sont victimes. Il n'est pas non plus prévu de mesure de réparation et d'accompagnement systématique de tout mineur victime de maltraitance.

L'écart dans l'application des obligations internationales

Les conventions internationales ratifiées par Haïti relatives aux droits des enfants, ainsi que les différents accords sur le travail prévoient des structures de contrôle, d'encadrement, d'assistance et de défense des enfants en situation difficile. Dans la plupart de nos textes ces structures sont mentionnées. Mais dans la réalité, elles n'existent pas ou des fois elles n'existent qu'au niveau de l'écrit. Les instances de l'Etat s'intéressant aux enfants qui devraient se charger de compiler, harmoniser, diffuser les textes relatifs aux enfants ne se sont pas dotés de moyens d'agir. Les différents codes utilisés généralement par la majorité des magistrats ne sont pas mis à jour. Le tribunal pour enfant créé pour se pencher sur le cas des mineurs en contravention avec la loi pose certains problèmes. En effet, s'il se penche sur les infractions commises par des mineurs, il ne se penche pas sur les problèmes que confronte le mineur. De plus, ce tribunal est le seul fonctionnel à travers le pays pour connaitre des infractions commises par les enfants de quelque lieu qu'ils viennent.

Le Centre d'accueil, structure spéciale prévue pour recevoir les enfants en contravention avec la loi, n'existe que sur papier. Il a fonctionné à un moment. Il a cessé de remplir son rôle depuis 1987, sans explications. L'état et ses responsables n'ont jamais eu besoin de justifier par-devant quiconque de cette situation. A Port-au-Prince, les enfants arrêtés par la Police sont déposés au Fort- national, la prison pour femmes et enfants. La création de l'école de la magistrature (EMA) a permis aux jeunes magistrats qui y sont passés soit au courant de la convention internationale relative aux droits de l'enfant. Mais ils n'ont à leur disposition que les anciens codes. Ils oublient dans leur pratique ces notions « inapplicables » dans leur réalité.

Sur le plan socioculturel

En partant du paragraphe 7 du préambule de la CDE, nous constatons qu'il est important de préparer pleinement l'enfant à avoir une vie individuelle dans la société et de l'élever dans l'esprit des idéaux proclamés par la charte des Nations-Unies et en particulier dans un esprit de tolérance, de liberté, d'égalité et de solidarité. Les vertus ne sont pas étrangères aux valeurs traditionnelles haïtiennes, elles ne se définissent que par rapport au groupe et à la communauté. « L'union fait la force ». Cette phrase résume la conception vitaliste à la tendance communautaire et collective en opposition à la vision occidentale qui est plutôt individualiste. Cette mentalité qui commence à s'affaiblir, surtout en milieu urbain, comporte des aspects positifs et négatifs au regard de l'application de la convention en vedette. Positif, en ce sens que l'on pourrait l'exploiter pour renforcer chez l'enfant l'esprit de solidarité, en mettant l'accent sur sa signification de réciprocité qui de nos jours se perd au profit d'un parasitisme sans gêne.

Négatif, car une telle mentalité s'oppose parfois aux principes de la convention qui veut que l'éducation permette à l'enfant l'intégration et l'épanouissement harmonieux dans un monde de compétition croissante, qui exige de l'initiative et de la créativité.

Quelques mesures administratives dans la lutte contre la violation des droits de l'enfant en Haïti. (MAST)

L'Institut du Bien-être Social et des Recherches

L'institut du Bien-être Social et de Recherches appelé aussi IBESR[38] est un organisme déconcentré technique et administratif du Ministère des Affaire Sociales et du Travail (MAST) selon le décret du 4 novembre 1983 paru dans le journal Le Moniteur le 24 novembre 1983. Cependant, il s'avère nécessaire de signaler que la loi du 13 février 1958 formant les cadres et assurant la coordination des différents services du département du travail et du bien-être social et de recherches, publiée dans le moniteur du 4 mars 1958 comme outil essentiel pour prouver la préexistence de l'IBESR. D'où l'IBESR peut être considéré comme un organisme d'avant-garde de protection de l'enfant. Il ne faut pas aussi oublier la loi du 12 septembre 1961 dotant le pays d'un code du travail, en ces dispositions sur l'Institut du bien-être social et de recherches publiées dans le moniteur N^0 1- 2 du 19 Octobre 1961, qui a contribué au renforcement institutionnel de l'IBESR. Cette loi rappelle le rôle de l'institut qui est d'améliorer les conditions de vie de la population sur le triple plan, économique, moral et social.

Quel est le rôle de l'IBESR ?

---

38 www.servicespublics.gouv.OMRH-CRA

Géré par une direction générale, le décret du 4 novembre 1983 fait de l'IBESR le garant de la protection sociale et de la défense sociale. Ses rôles sont multiples :

Améliorer les conditions de vies de la population sur le plan économique et sur le plan social et accorder une attention particulière à l'enfance, à la femme et à la famille.

L'institut du bien-être social et de recherches à deux grandes directions :

-Direction de la défense sociale qui a pour rôle d'assurer la pérennité de l'ordre social, de lutter contre la prostitution, de créer au bénéfice de l'enfance délinquante des centres appropriés et de faire bénéficier à l'enfance et à la maternité de mesures de protection et de secours.

-Direction du service social qui a pour rôle de venir en aide aux populations frappées par des catastrophes naturelles, examiner toutes les requêtes présentées pour l'adoption et remplir les formalités nécessaires, conseiller les institutions sociales privées ou publiques à propos des besoins réels des milieux réels qu'elles servent.

-Direction administrative qui est une direction transversale.

L'IBESR dont son rôle est de porter assistance à toutes les couches vulnérables de la population a une mission à la fois préventive, curative et promotionnelle.

En matière de protection directe de l'enfant l'IBESR a trois services spécifiques :

1-Le service des œuvres sociales qui est sous la dépendance de la direction du service social, son rôle est de contrôler et de superviser les établissements concourants à la protection, à la garde et au placement des enfants du premier âge (0 à 3 ans) et du second âge (3 à 6 ans). Son rôle est aussi d'étudier les demandes d'autorisation de fonctionnement des œuvres privées et enfin recevoir régulièrement et aux fins utiles un rapport détaillé sur les activités des œuvres sociales privées autorisées à fonctionner.

2- Le service d'adoption qui est encore sous la tutelle de la direction du service social est chargé d'examiner toutes les requêtes présentées en vue de l'adoption.

3-Le service de la protection des mineurs, service dépendant de la direction de la défense sociale, il a chargé de contrôler l'évolution de l'enfance en Haïti et par tous les moyens disponibles d'assurer au mineur un climat décent pour leur évolution physique, morale et sociale. Son rôle est aussi de s'efforcer, dans les établissements de défense sociale, de rééduquer et de reclasser le jeune délinquant dans la société. Enfin le service de la protection des mineurs a pour rôle de veiller à l'exécution des mesures de protection judiciaire prévues par la loi et prises en faveur des mineurs.

Le service de la protection des mineurs a quatre (4) grandes sections :

-La section d'inspection qui est chargée de contrôler les publications destinées aux enfants, les projections cinématographiques, les spectacles, les théâtres et les lieux publics fréquentés par les jeunes. Remplir les fonctions d'agents de la police sociale.

-La section des loisirs qui est chargée du programme des loisirs physiques, spirituels et intellectuels.

-La section de la réhabilitation psycho-sociale qui a pour tâche de prendre soin des cas de trouble de conduite simple, de servir de guide pour l'évaluation, l'orientation et la réhabilitation des jeunes dans leurs rapports avec le milieu social.

-La section des Centres de rééducation qui réclame dans la juridiction de chaque tribunal pour enfant, selon les besoins et les disponibilités budgétaires, des centres d'accueil pour enfant dont leur rôle est défini dans le même article (article 144).

A côté de ces services il est créé un Centre d'appel d'urgence fonctionnant tous les jours et aux heures ouvrables au : 133 et 511. Avec un responsable et des opérateurs formés en la matière, le centre reçoit des appels de partout identifiant des cas de vulnérabilité. Selon les chiffres de juillet 2012 à février 2013 le Centre a reçu plus de vingt-sept mille (27.000) appels et les suivis ont été faits aux sections concernées.

Le Ministère de la Justice et de la Sécurité Publique. (MJSP)

CERMICOL : Le Centre de Rééducation des Mineurs en Conflits avec la Loi

-CERMICOL a été créé par une décision de la Direction de l'Administration Pénitentiaire (DAP). Comme son nom l'indique, son rôle est de rééduquer les enfants en conflits avec la loi mais il accueille seulement les mineurs masculins c'est-à-dire les petits garçons. C'est un espace carcéral certes mais doté d'une école et d'activités socioculturelles et sportives.

Le CERMICOL a une compétence territoriale nationale et il est géré par un directeur ou responsable en chef, un chef des opérations, un chef de poste et des agents. Le centre contient aussi un personnel médical, autres personnels en matière d'assistance psychologique et légale.

Selon les chiffres du centre une grande partie des mineurs détenus sont accusés de viols, d'autres pour vol suivi de rare cas de voies de faits, de meurtre, d'assassinat et d'incendie. Le CERMICOL travaille étroitement avec l'autre organisme public faisant partie de la chaine de protection particulièrement avec le tribunal pour enfant dans le cadre de la procédure judiciaire.

La Prison civile de Pétion-ville

Contrairement aux petits garçons, les filles en conflits avec la loi sont incarcérées à la prison civile de Pétion ville qui reçoit à la fois les femmes et les filles. Les actes dont les filles sont reprochées sont souvent l'association de malfaiteurs et enlèvement, le vol, parfois le viol, l'empoisonnement, l'infanticide et l'incendie. Des services socioéducatifs et culturels sont souvent offerts aux mineurs de cette prison, dont une école et un centre professionnel dans le but de garantir un apprentissage pendant l'incarcération.

Les juridictions des mineurs[39]

La loi du 16 juillet 1952 avait institué dans chaque tribunal civil, une section de la jeunesse délinquante pour connaitre des infractions commises par les mineurs n'ayant pas atteint la majorité pénale. La loi du 7 septembre 1961 et le décret du 20 novembre de la même année portèrent création d'un tribunal pour enfant dans la juridiction de chaque cours

---

39 Lacroix Emmanuel et Casty Bethie, *Le juge de Paix et la justice des mineurs*, Fonction du juge de paix (EMA), Port-au-Prince, Haïti, 2008

d'appel, et réglementent les conditions de mises en œuvre de la responsabilité pénale du mineur en modifiant les articles 50, 51 et 52 du code pénal et ont, du même coup, précisé les règles du fonctionnement du tribunal pour enfants.

Le doyen du tribunal en est le président.

La compétence de siège est fixée à un juge pour enfant avec l'assistance d'un ministère public et d'un greffier. Ainsi le législateur de 1961 a enlevé aux tribunaux répressifs ordinaires la faculté de connaitre les affaires concernant les mineurs. Désormais, les mineurs appréhendés à raison d'un crime, d'un délit ou d'une contravention sont justiciables de la cour d'assises des mineurs, du tribunal pour enfant ou du tribunal de simple police siégeant en audience spéciale.

Lorsque le mineur de 16 ans est impliqué dans une affaire conjointement avec un ou plusieurs majeurs, le ministère public et le juge d'instruction attachés à la juridiction de droit commun ont la faculté de procéder aux actes urgents de poursuites et d'information, à charge par eux d'en donner avis sans tarder au ministère public près le tribunal pour enfants et de se dessaisir de l'affaire à bref délai. Au cas où le ministère public prés les tribunaux répressifs ordinaires entreprend des poursuites contre les majeurs, soit en vertu de la procédure de flagrant délit soit par voie de citation directe, obligation lui est faite, sous peine de prise à partie de constituer un dossier spécial concernant les mineurs et de transmettre, selon le cas, au ministère public près le tribunal pour enfants ou près de la Cour d'Assises des Mineurs.

Le juge des enfants

C'est un juge du tribunal de première instance délégué à cette fonction. Le juge des enfants saisi par une requête introductive peut cerner tous les mandats utiles de faire diligenter une enquête sur la situation matérielle et moraux de la famille et du mineur, ainsi qu'un examen médical. Il peut placer le mineur à titre provisoire dans un centre d'accueil ou un centre professionnel. Une fois que son instruction terminée, il communique le dossier au ministère public et au vu des réquisitions de ce dernier, il peut soit :

1-Ordonner le renvoie devant le tribunal pour enfants ou le juge d'instruction des mineurs ;

2-Prononcer la relaxe ;

3-Prononcer une admonestation et ordonner la remise aux parents ou gardien ;

4-Placer le mineur sous le régime de la liberté surveillée dans l'attente d'un jugement.

Le Juge d'Instruction des mineurs

Aucune poursuite ne peut être exercée en matière de crime contre un mineur de 16 ans sans information préalable suivie d'une ordonnance de renvoi devant la juridiction de jugement(Article 5 alinéa 1er, loi de 1961).Toutes les fois que le mineur a des coauteurs ou complices à des majeurs, ces derniers, en cas de poursuite correctionnelle, seront renvoyés devant la juridiction compétente, conformément aux règles de droit commun, la cause concernant le mineur sera disjointe pour être jugée devant le Tribunal pour enfants ou la cours d'assises des mineurs suivant le cas. Le juge des enfants ne peut prononcer que des mesures de protection à l'égard du mineur de 11 ans reconnu coupable de crime ou de délit (décret 20 novembre 1961).

Le Tribunal pour enfants

1-Siège et ressort

Le Tribunal pour enfants est une juridiction spécialisée[40]. Il a son siège au tribunal de première instance ou tout autre lieu fixé par voie réglementaire. Son ressort est le même que celui d'une Cour d'Appel.

2-Composition

Le Tribunal pour enfants est composé d'un Juge des enfants, d'un Agent du Ministère Public spécialisé et d'un Greffier.

3-Compétence d'attribution

Le tribunal pour enfants connait des délits commis par des mineurs âgés entre 16 et 18 ans et les crimes autres que ceux prévus par les articles 240,241,242,243 du code pénal. Cependant le mineur de 13 ans ne peut en tout état de cause être jugé pour crime que par le Juge des enfants, à l'exclusion de la Cour d'Assises. Il est à remarquer que la compétence du Tribunal pour enfants ne s'étend pas aux complices ou coauteur majeurs qui restent justiciables des Tribunaux de droit commun. Le Tribunal pour enfants connait, en outre, de l'appel des sentences rendues par les Tribunaux de simple police.

---

40 Ibid.

4-Compétence territoriale

Sont compétents le tribunal pour enfants, la cour d'assises des mineurs et le tribunal de simple police du lieu de l'infraction, de la résidence du jeune délinquant ou de ses parents ou tuteurs, ou du lieu où le mineur aura été trouvé ou du lieu où il a été placé soit à titre provisoire soit à titre définitif (Article5, loi du 07 septembre 1961).

Les contraventions commises par des mineurs

Le tribunal de simple police (Justice de paix) est compétent pour juger des contraventions commises par les mineurs de 13 ans et de moins de 16 ans. Ce tribunal ne peut prononcer qu'une admonestation ou une peine d'amende, cette dernière peine étant exclue pour le mineur de 13 ans. Si le juge de paix estime nécessaire la mise en place d'une mesure éducative, il doit transmettre le dossier au juge des enfants compétent. L'appel de la sentence de simple police est porté devant le tribunal pour enfants.

Protection du mineur délinquant

Il faut protéger le mineur parce qu'il est un incapable sur le plan juridique[41]. Mesure de protection pouvant être prise en faveur du mineur par les juridictions pénales L'article 50 du code pénal pose le principe de l'irresponsabilité pénale absolue du mineur de moins de 13 ans. Ce texte ne dispose que pour les enfants âgés de plus de 13 ans et de moins de 16 ans, reconnu coupable d'une infraction quelconque, pour

---

41 Jean Marie Plazy, Droit de l'enfant et incapacité juridique de l'enfant entre droit international et la législation nationale, 2007, PP28-37

lesquels doivent prioritairement être prononcées des mesures éducatives suivantes :

-Admonestation ;

-Remise à ses parents, à son tuteur, à la personne qui en avait la garde ou à une personne digne de confiance ;

-Acheminement à un centre d'accueil ou toute autre institution d'éducation corrective, à l'effet d'y recevoir une formation morale, civique et professionnelle ;

-La mise en liberté surveillée à titre provisoire.

Brigade de protection des mineurs (BPM)

La Brigade de Protection des Mineurs est une unité de la direction centrale de la police judiciaire, de la police nationale, créée en Mai 2003 opérant selon les normes de la CIDE, de la constitution haïtienne en vigueur, la loi du 7 septembre 1961 et une directive interne de la police National d'Haïti

Mission de la Brigade de protection des mineurs

La mission de la BPM est tridimensionnelle[42] :

Prévention : La BPM a pour mission de prévenir les crimes et délits contre les enfants et aussi les actes délictueux des enfants dans la société. Elle est là pour enquêter sur tout comportement jugé dangereux pouvant nuire à l'ordre social

Protection : La BPM a aussi pour mission de protéger le mineur

---

42 Joseph Jean Myrtille, Pour une connaissance Simplifier de la Brigade de la Protection de Mineurs (BPM), Port-au-Prince, Haïti, 2009.

en conflit avec la loi de concert avec les autres organismes étatiques administratifs ou légaux. Elle protège les mineurs victimes d'abus, de viol ou de maltraitance quelconque et les mineurs sous le joug de la violence domestique[43].

Répression : La BPM a aussi une mission de répressions des crimes et délits contre les enfants.

Les organes de la BPM :

La brigade de la protection des mineurs est administrée par :

-Un commissaire principal

-Un commissaire adjoint

-Un secrétariat

Quatre sections distinctes :

1-Section des mineurs en conflit avec la loi

2- Section des mineurs victimes

3-Section de violence domestique

4-Section transversale assurant l'enquête sociale

a) Les cellules départementales

b) Des Agents civils éparpillés sur tout le territoire

Les interventions de la BPM :

La Brigade de protection des mineurs intervient dans les différents cas : de violation des droits de l'enfant comme la maltraitance, l'abus et le viol, aussi dans le cas où un mineur

---

43 http//minustah.unimissions.org, renforcement de la PNH pour mieux protéger l'enfance

est accusé d'une contravention quelconque. La BPM fait son intervention soit après avoir reçu un appel d'un particulier ou d'une institution, soit après un constat direct par l'un de ces Agents.

Comment contacter la BPM ?

La BPM met à la disposition du grand public tous les numéros des différents agents évoluant dans divers niveaux de la chaine de protection. Cependant un SOS a été conçu dans le but de garder un contact direct avec la population et aussi les enfants victimes. Ce numéro est 188, il est à la portée de tous les haïtiens voulant dénoncer un acte quelconque barbare posé à l'égard d'un enfant.

Ce survol concernant les lois et les institutions traitant de l'enfance en Haïti nous permet de constater qu'en dépit des faiblesses de désuétude des outils légaux en la matière, le mineur haïtien fait partie, tout de même, d'un régime spécial. En effet il est évident de remarquer qu'aux moins des lois à côté d'autres instruments juridiques internationaux sont adoptées, lesquelles lois mentionnent un régime juridique spécial pour les mineurs avec des acteurs spécialement formés dans la justice relative aux mineurs. On ne peut ne pas citer aussi l'IBESR, quoique ses différentes interventions laissent beaucoup à désirer sur le travail, mais qui fait quand même quelque chose en matière de protection des enfants.

CHAPITRE 3

L'enfance face aux violences

L'enfant maltraité : S'il est des méfaits qui mettent en émoi l'opinion et suscitent l'indignation de la conscience, ce sont bien les actes de violence, les mauvais traitements, les privations de soins ou d'aliments dont certains parents se rendent les auteurs sur leurs propres enfants. Il y a des enfants qui sont brutalisés, d'autres qui sont privés de nourriture ou de soins d'autres encore qui vivent dans l'abominable condition de malpropreté ou de claustration.

Maltraitance sur mineur : La maltraitance sur mineur désigne de mauvais traitements envers toute personne de moins de 18 « entrainant un préjudice réel ou potentiel pour la santé de l'enfant et sa dignité. »

L'enfant en danger moral La notion d'enfant « en danger moral » est difficile à cerner et on ne lui donne pas toujours le même sens. L'enfant en danger moral est celui dont la santé psychique et moral, dont l'éducation, l'épanouissement d'une part, l'insertion sociale de l'autre, sont gravement compromis par suite des carences et des défectuosités du milieu familial. Le problème de l'enfant en danger moral est connexe sans cependant confondre avec lui au problème de la criminalité juvénile.

Enfant orphelin : C'est toute personne âgée de moins de dix-huit ans dont la mère, le père ou les deux parents sont morts et ce quelle qu'en soit la cause.

Institution : Le terme « institution » est privilégié pour décrire les établissements de prise en charge résidentielle néfastes.

Centre d'accueil : Les centres représentent des maisons de transit pour les enfants, où ils pourront acquérir des valeurs pour le développement de leur corps et de leur esprit.

Maison d'accueil, centre d'hébergement pour enfant, orphelinat, centre d'accueil, Maison d'enfant : Lieu de regroupement ou d'aide, Un édifice accueillant des enfants mineurs sans parents, sortit de la tutelle parentale, issus de famille en difficulté ou victime de maltraitances.

Traite des enfants : La traite est définie par le droit international comme le recrutement, le transport, l'hébergement ou l'accueil d'où l'enfant aux fins d'exploitations.

De l'analyse de quelques principaux droits reconnus à l'enfant selon la convention relative aux droits de l'enfant

La famille haïtienne et l'enfant

L'une des principales causes de l'existence des maisons d'enfant dans le pays est la pauvreté. La misère est l'un des problèmes majeurs qui ruine la famille haïtienne ; ce qui entraine une crise au sein même de la famille et qui touche particulièrement l'unité de base de l'évolution de la société qui n'est autre que l'enfant. Une famille misérable se trouve dans de grandes difficultés de subvenir aux besoins primaires de son ou de ses enfant(s) ; aussi les exigences de toutes sortes planent souvent sur le développement de cette famille. La situation misérable oblige les parents de laisser les enfants même en très bas âge de mener une vie à l'extérieur du toit familial ; et aussi les mineurs à l'âge plus avancés sont évacués de très tôt dans la rue pour trouver un gagne-pain. Alors, la vie de ces derniers est exposée à toutes sortes de violence, de traite, de maltraitance, d'une alimentation irrégulière. Le terme alimentation régulière a été abordé par Jean Ziegler dans « L'empire de la honte ».

> Le droit d'avoir un accès régulier, permanent et libre, soit directement, soit au moyen d'achats monétaires, à une nourriture quantitative et qualitativement adéquate et suffisante correspondant aux traditions culturelles du peuple dont est issu le consommateur, et qui assure une vie psychique et physique individuelle et collective, libre d'angoisse, satisfaisante et digne[44].

Comment la misère familiale peut-elle déroger la vie des mineurs ? Par pauvreté extrême qui est une cause directe de la criminalité violente. Elle combine à l'isolement, à la faim et à des conditions de logement indignes, au racisme et aux nombreux rappels quotidiens d'exclusion sociale, peut générer les facteurs de risque immédiat de violence. Toutefois, la pauvreté est beaucoup trop répandue et les contrepoids sont trop peu nombreux pour cette pauvreté ne soit une question fondamentale pour tous ceux et celles que préoccupe l'ampleur de la violence chez les jeunes et particulièrement des enfants. A notre avis, la pauvreté peut entrainer le manque d'estime de soi, le sentiment d'oppression, le désespoir et l'absence d'empathie ou de sentiment d'appartenance, l'impulsivité. De fortes concentrations de personnes vivant dans la pauvreté, les logements insalubres, une mauvaise planification urbaine, l'absence de services publics, de magasins ou de commerces, de transports et d'emplois, de modèles sont autant des facteurs qui favorisent la délinquance. D'où la naissance de la criminalité infantile que caractérise la misère dans le pays.

La situation économique par la famille la pauvreté et le chômage créent un esprit criminel chez les mineurs. Ainsi

---

44 Jean Ziegler, L'empire de la honte, 8ᵉ édition, Fayard, 2007, PP.344

de nombreux adolescents s'abandonnent à la délinquance, afin de subvenir à leurs besoins par le biais de ces actes à cause de la pauvreté des parents. L'ampleur et la gravité de ce phénomène dépendent principalement de la situation sociale, économique et culturelle du cadre social dans le pays surtout dans les grandes villes et dans les zones frontalières où le taux de criminalité ne cesse d'augmenter et beaucoup d'enfants jouèrent le rôle d'auteurs et parfois de coauteurs des actes criminels.

Quand la famille est misérable aucune considération de l'enfant n'est pas appliquée, ni prise en charge. Car les pierres d'achoppements au climat affectif sont les peurs, les craintes inutiles, les émotions exagérées, les blâmes et les reproches, la faim, l'analphabétisme, la malnutrition. Cela provoque parfois des réactions tragiques chez les parents eux-mêmes minés par la misère autant que chez l'enfant. A côté de la misère exagérée de la famille provoque le manque d'ambiance, d'affection et d'amour, causé souvent par la mésentente des parents, leurs séparations, leurs divorces ou l'indifférence complète. Donc, la misère totale oriente l'enfant vers la délinquance juvénile, voire la criminalité infantile, l'enfant s'empresse de plonger dans la corruption extrême et la multiplication des maisons d'enfant dans le pays. La misère est l'une des principales causes qui touche particulièrement la famille haïtienne. Ainsi, celle-ci manque de moyens pour donner aux enfants ceux dont ils ont besoins, perd la confiance en eux, puisqu'ils ne trouvent rien à consommer dans le milieu familial, ils se dirigent ailleurs pour en trouver. Ils deviennent le plus souvent des bandits, des mendiants, des sans aveux, etc., ils commentent des actes criminels s'il le faut pour combler cette carence de la famille.

On peut remarquer que les enfants délinquants, voleurs, vagabonds, mendiants, sont souvent ceux dont les parents se trouvent dans de basses conditions économiques. Alors, les mineurs ne sont pas à l'abri de la criminalité, vu le milieu de leur évolution. Toutes ces formes de délinquance à savoir les agressions, les meurtres, les vols, l'utilisation des drogues et autres peuvent donner des conséquences néfastes dans le pays. La situation misérable de la famille a développé la criminalité infantile une situation difficile à contrôler. Elle est l'une des causes de la criminalité infantile, car elle est influencée par la misère qui est un grave problème de la société qui pousse les gens à commettre toutes sortes d'actes pour survivre.

1. Le terme « Enfant ».

Définition du mot « **Enfant** »

La notion d'enfance n'est pas la même partout, la place et le rôle   qui sont assignés aux enfants sont dictés par l'environnement physique, culturel et socio-économique[45]. Etymologiquement, le terme « Enfant » vient du mot latin infans qui signifie « celui qui ne parle pas[46] ». Chez les romains, ce terme désignait l'enfant dès sa naissance, jusqu'à l'âge de 7ans. Cette notion à beaucoup évolue à travers les siècles et les cultures pour finalement designer l'être humain de sa naissance jusqu'à l'âge adulte. Mais cette conception de l'enfant était large et l'âge de la majorité variait d'une culture à une autre. La convention internationale relative aux droits de l'enfant de 1989 définit de manière plus précise le terme « Enfant » : « […] tout être humain âgé de moins de dix-huit ans, sauf si la majorité est atteinte plus tôt en vertu de la

---

45 Dori Bonnet, Informations sociales, la construction sociale de l'enfance : une variété de normes et de contextes, 2010 PP. 12-18

46 http//.fr.m.www.wilkipedia.org, consulte le 13/04/2020

législation qui lui est applicable »

L'idée transmise, à travers cette définition et l'ensemble des textes de protection de l'enfance, est que l'enfant est un être humain avec des droits et une dignité.

Ce qui caractérise l'enfant, c'est sa jeunesse et sa vulnérabilité. En effet, l'enfant est un être en pleine croissance, un adulte en devenir, qui n'a pas les moyens de se protéger seul.

Aussi, l'enfant doit faire l'objet d'un intérêt particulier et d'une protection spécifique. C'est dans cette optique que des textes proclamant la protection de l'enfant et de ses droits ont été adoptés.

Les différents types d'enfants :

« Enfant **orphelin** » ; tout mineur âgé de moins de 18 ans dont le père ou la mère ou les deux à la fois sont décédés ou absents.

Définition du mot « Orphelin »

Interroger votre entourage et vous constaterez probablement qu'à cette question simple, la réponse donnée ne sera pas toujours la même. Si dans l'inconscient collectif, un enfant orphelin est un enfant ayant perdu ses deux parents ou un enfant abandonné, le dictionnaire, lui, lève toute équivoque quant à ce qui définit un orphelin : « Enfant qui a perdu son père ou sa mère, ou les deux ».

En France, on ignore le nombre exact d'orphelins… Pourquoi ? Parce qu'ils sont très difficiles à identifier statistiquement. Être orphelin signifie d'abord et avant tout être exposé a des risques sociaux, familiaux, matériels et rationnels. C'est faire face a ses à quoi l'on n'a jamais été séparé. C'est se confronter aux impacts à long terme de cet événement, aux répercussions profondes qu'il aura tout au long de la vie[47]

« **Enfants abandonnés** » : tout mineur âgé de moins de 18 ans dont les parents ou personnes responsables ne remplissent pas vis-à-vis de lui les obligations relatives à la garde, l'entretien et l'éducation en le laissant sous la protection et livré à lui-même.

1. Enfant légitime

Tout enfant né dans le mariage ou légitimé par le mariage.

2. Enfant naturel simple

Tout enfant né par deux personnes en dehors du mariage ou avant le mariage ce dit enfant peut être légitime par le subséquent de leurs auteurs. Article 302 CCH.

3. Enfant incestueux

C'est un enfant né de deux personnes ayant des relations ascendantes, descendantes ou collatérales directes. La loi fait obstacle à la légitimation de ce type d'enfant. Cependant la jurisprudence admis qu'ils peuvent être légitimés selon la volonté des parents.

4. Enfants adultérins

Tout enfant né d'un père marié en dehors de sa femme ce type d'enfant ne peut en aucun cas être légitimé.

En tout cela l'enregistrement de l'enfant se fait sur l'un de ces deux statuts naturel ou légitime

---

47 Cécile Flammant Sophie Pennec et Laurent Toulemon, Recherches Familiales, 2020, PP. 7-21

et le sort final sera tiré à partir de ces deux formules latines « Pater est quem nuptiae démontrant », l'enfant conçu pendant le mariage a pour présumer père le mari de la femme. « mater Semper certa est ». La mère est toujours certaine.

Malgré cette échappatoire juridique, on n'arrive pas à contourner la mauvaise foi des individus de sexe masculin qui agissent aveuglement pour l'intensification de cette crise familiale. Car nombreuses sont des femmes qui se débrouillent dans la vie avec des « pitit san papa » en main ne sachant à quel saint s'adresser. Une analyse de la loi no… sur la paternité et filiation nous laisse croire que la loi voulait protéger le mariage comme acte sacrosaint sans envisager le pauvre enfant qui n'avait rien à voir en tout cela. Pour réparer les brèches une loi a été déposée au parlement haïtien portant « loi sur la paternité responsable et la filiation des enfants ». Elle a été votée par les députés le 10 Mai 2010 avec pour et contre et abstention. Dans la date du 12 Avril 2012 le sénat haïtien a voté à l'unanimité.

Responsabilité parentale

L'obligation parentale[48]

Toute personne donnant naissance, à un enfant a pour obligation d'en prendre soin. Cela demande la transmission des valeurs aux enfants qui seraient dans l'avenir de futur responsable.

La garde

La garde, en droit de la famille, c'est la prérogative reconnue au titulaire de l'autorité parentale de contraindre ses enfants mineurs à vivre sous son toit et de surveiller leurs activités. Le décret du 14 septembre 1983 réglementant la procédure de recouvrement de créances d'aliments et celle relative à la garde des enfants (moniteur No 27 octobre 1983) trace les procédures judiciaires en matière de pension alimentaires et de garde d'enfants.

L'entretien

Il incombe au père, à la mère ou toutes autres personnes ayant la garde d'un enfant de lui entretenir c'est-à-dire lui maintenir dans de bonnes conditions selon sa capacité.

---

48 Article 4 décret du 8 octobre 1982 donnant la femme un statut conforme à la constitution et éliminant les formes de discrimination a son égard. (Le Moniteur, N°75, 28 octobre 1982)

L'éducation[49]

L'éducation est étymologiquement, l'action de « guider hors de », c'est-à-dire développer, faire produire. Il signifie maintenant plus couramment l'apprentissage et le développement des facultés physiques, psychiques et intellectuelles ; les moyens et les résultats de cette activité de développement. L'éducation humaine inclut des compétences et des éléments culturels caractéristiques du lieu géographique et de la période historique. Chaque pays dans le monde dispose de son propre système éducatif, avec son rôle traditionnellement dévolu aux parents d'un enfant (ou a leur substitut) d'amener cet enfant aux mœurs de l'âge adulte, et une intervention souvent croissante des Etats. L'éducation est considérée comme un élément important du développement des personnes d'où le développement d'un droit à l'éducation.

Pour John Dewey, « L'éducation est un progrès social… L'éducation est non pas une préparation à la vie, l'éducation est la vie même. » On façonne l'arbre par la culture et l'homme par l'éducation, dit Jean Jacques Rousseau dans l'Emile ou de l'éducation. Donc il s'avère nécessaire voire indispensable d'initier l'enfant à l'éducation pour sa préparation d'intégrer la société. Le concept éducation ici ne se borne pas à l'instruction mais aux éléments découlant de la culture morale, familiale, civique et sexuelle.

---

49 Article 189 du Code Civil haïtien

a- Le père

À l'époque de l'antiquité et à l'époque médiévale, le pouvoir paternel sévissait. Le mari avait le monopole de la commande, donc les responsabilités au foyer n'étaient pas essentiellement partagées. Le père était le seul commandeur qui avait le pouvoir de vie et de mort sur sa famille. Cependant avec l'époque moderne et voire contemporaine, le père devient beaucoup plus sensible et se montre plus attentif à ses progénitures.

b- La mère

La mère, dans les civilisations antiques et médiévales, n'avait pas trop d'influence sur l'enfant. Elle réalisait généralement les tâches domestiques et n'avait pas de trop grandes responsabilité en ce qui concerne la charge de l'enfant. Cependant avec l'évolution du féminisme, les femmes s'impliquent progressivement dans les activités de prise en charge de l'enfant à la maison.

La question de la responsabilité parentale en Haïti est non seulement une question juridique mais aussi une question anthropologique dont les causes varient du milieu rural au milieu urbain. Mais les conséquences sont les mêmes, car ça contribue directement à la prolifération de la délinquance juvénile, des enfants des rues et à la domesticité juvénile ou restavèk

Les rôles de la famille dans la vie de l'enfant[50].

1-Rôle biologique

2-Rôle économique

3-Rôle social

Transmission des valeurs reproduction sociale, choix du conjoint, solidarités familiales, destin individuel, destinée familiale

Pratiques éducatives des familles et guide pour l'éducation

La famille expliquée aux enfants et aux adolescents

Famille et école

Une étude approfondie avance que la famille à ses grandes fonctions :

1-Fonction de procréation

2-Fonction affective et de protection

3-Fonction de socialisation qui est le processus par lequel un individu fait l'apprentissage des rapports sociaux entre les hommes et assimilent les valeurs, les normes et les croyances d'une société.

---

50 www.lesfamillesdumonde.unterblod.net, consulté le 13/04/2020

La Famille

Les différentes approches du mot Famille[51]

Le mot Famille vient du mot latin Fama qui veut dire réputation. De ce fait, les membres d'une même famille portent le même nom et jouissent d'un crédit et d'un honneur qu'ils doivent entretenir et défendre en commun.

Le mot famille est généralement pris dans deux acceptations : dans le sens étroit, il désigne le père, la mère et les enfants issus de leurs œuvres ou adoptés par eux. Dans un sens plus large il désigne l'ensemble des personnes qui sont unies par le mariage par la parenté et par l'alliance.

Dans ce sens étroit on dit que la famille est un groupe formé par les parents et leurs descendants ou même plus restrictivement encore, par les parents et leurs enfants mineurs. C'est en ce sens dit étroit qu'on attribue la famille comme étant la base de la société. Pour l'anthropologue Claude Lévi-Strauss, une famille est une communauté de personnes réunies par des liens de parenté existant dans toutes les sociétés humaines.

Approche psychologique

La famille est une institution qui demeure depuis toujours, même si sa définition a changé. Elle ne consiste pas seulement en la coexistence de personnes sous un même toit et en leur lien par le sang ; elle dépend surtout de l'amour qui existe entre eux. Le couple seul ne forme pas une famille, c'est l'enfant

---

51 https//www.larousse.fr, consulte le 13 Avril 2020

qui l'a créé. C'est autour de lui, en fonction de lui et pour lui que s'ordonnent les relations familiales. La famille joue donc un rôle très important dans l'évolution de l'enfant, car c'est au sein de celle-ci que le jeune fait ses premiers apprentissages.

Les différents types de famille[52]

Famille adoptive

La famille adoptive est une nouvelle famille que l'enfant intègre à la suite d'une démarche appelé adoption. L'adoption est la création par jugement d'un lien de filiation entre deux personnes qui, sous le rapport du sang, sont généralement étrangères l'une de l'autre. Les législations internationales en matière de droit de l'enfant reconnaissent et garantissent l'adoption à la mesure où elle se réalise dans l'intérêt supérieur de l'enfant. En Haïti, on reconnait deux types d'adoptions.

Taille de la famille

Des liens de parenté plus ou moins éloignés

Les relations de parenté sont principalement la filiation, l'alliance et l'adoption avec des règles qui différent selon les sociétés. Elles interdisent généralement les relations sexuelles, et donc les alliances, entre les membres d'une même famille. La grandeur de la famille, c'est-à-dire le nombre des individus qui en font partie, est déterminée par le degré de parenté permettant de savoir où commence l'inceste, et ou s'arrêté l'obligation de solidarité.

Dans les sociétés traditionnelles, les familles élargies (qu'on

---

52 www.em-consulte.com, consulte le 13/04/2020

désigne actuellement sous appellation de clan), comportent des dizaines voire des centaines de ménages ayant des fonctions diversifiées. Elles possèdent un patrimoine communautaire, comportant des terres, des maisons, des métiers qui sont attribués ou loués comme biens privatifs pour permettre aux nouveaux ménages de s'établir. Les familles claniques permettent la réafiliation, non seulement d'individus isolés, mais aussi des familles étrangères complètes.

Dans la Rome antique, mais aussi en Europe sous l'ancien régime, le terme de familia s'étend à l'ensemble de la maisonnée, c'est-à-dire aux domestiques, aux esclaves et même aux clients. Dans les sociétés modernes, la famille s'est progressivement restreinte à un seul degré de parenté ou d'alliance : la famille nucléaire.

Pour les tacticiens français, la famille est un ensemble d'au moins deux personnes soit un couple avec ou sans enfant(s), soit un parent seul vivant avec au moins un enfant.

Membre de la famille

Les membres de la famille ont des statuts différentiés en fonction de l'âge, du sexe, du rang dans la filiation, des talents et de divers autres critères d'attributions de rôle sociaux ou économiques. Dans l'aire de civilisation européenne, ces statuts sont les suivants :

La famille nucléaire : C'est la famille réduite à un seul degré de parenté ou d'alliance :

-Les parents nucléaires : le père et la mère

-Le couple : l'époux qui est le mari et l'épouse, la femme

-Les enfants : le fils et la fille

La famille élargie : C'est la famille à plusieurs degrés de parenté :

-Les descendants : le petit fils et la petite fille, l'arrière-petit-fils et l'arrière-petite-fille ;

-Les ascendants ; le grand père et la grand-mère

-Les alliés : le gendre et la bru

-Les allies ascendants : le beau-père et la belle-mère, l'oncle et la tante et le grand oncle et la grande tante, le grand cousin et la grande cousine

-les alliés descendants : le beau-fils et la belle fille, le petit neveu et la petite nièce, l'arrière petit neveu et l'arrière petite nièce et le cousin germain et la cousine germaine, le cousin issus de germain et la cousine issue de germain, le petit cousin et la petite cousine, l'arrière cousin et l'arrière cousine etc. On peut parler aussi de grand-père paternel et grand-mère paternelle, grand-père maternel et grand-mère maternelle etc.

On entendra également des expressions comme :

-Père adoptif

-Mère adoptive

-Parents adoptifs

-Enfants adoptés

-Enfants naturels

-Enfants légitimes

-Enfants illégitimes

-Enfants adultérins

-Enfants abandonnés

-frère ainé

-Sœur ainée

-Benjamin

-Cadet

A noter que l'ethnologie fait de l'étude des systèmes de parenté un objet de recherche à part entière. Ces travaux cherchent à comprendre les diverses règles qui président à la composition et au développement de la famille et surtout des règles d'alliance : inceste, exogamie, endogamie, monogamie, polygamie, polyandrie, mariage homosexuel. Il est évident de considérer la protection de l'enfant dans un cadre familial à travers ces paramètres.

La portée sociologique de la famille

La famille est valorisée dans les sociétés traditionnelles car représentant l'unité de base de la société mais aussi le principal lieu d'éducation et de solidarité.

De nombreux sociologues ont mis en avant la multiplicité des formes de familles qui est une des sociétés. Des auteurs comme Odile Roy évoquent la notion de pluralisme familial pour le chercheur Serge Guérin, avec le vieillissement de la population, une autre figure émergée avec l'aident familial.

Le lieu de socialisation primaire

La famille est le premier lieu de socialisation de l'individu.

Le lieu de reproduction sociale

La famille, avec son mode de transmission parent-enfant, est considéré comme le lieu par excellence de la transmission des patrimoines (financier, culturel, social) et donc de la reproduction des groupes sociaux et culturels.

4-Fonction économique

5-fonction de gestion et de transmission du patrimoine

Comprendre les notions : famille, société et enfant en Haïti

Société : La société se définit dans un contexte social comme étant l'ensemble d'individus unis au sein d'un même groupe par des institutions et une culture. Les institutions qui sont des groupes en miniature ne sont que l'ensemble des individus ayant un certain nombre de caractère communs et dont les rapports sociaux et physiologique spécifique tels que : école, église, syndicat, famille. Selon un vieux dicton latin (ubi societas ibi jus) il n'y a pas de société sans droit. Chaque société établit des règles de principes, des normes qui régissent les rapports entre ses citoyens. Le droit constitue l'élément fondamental d'une société juste et démocratique.

Famille : La famille est un système complexe d'interactions. Chaque interaction à sa qualité émotionnelle unique qui affecte la personnalité et le comportement de tous les membres de la famille. Chaque membre de la famille a ses propres besoins, intérêts et aspirations, chacun fait des demandes aux autres membres de la famille. Ceci peut causer de frictions quand les différentes demandes et attentes sont conflictuelles. Plus la famille est grande, plus il y a d'interactions et plus grandes sont les possibilités de frictions.

Une petite famille est composée de deux ou trois enfants. Les activités et les rôles de chaque membre de la famille sont individualisés. Il y a une organisation démocratique et une coopération étroite entre parents et enfants.

Chez les petites familles, il y a des avantages économiques et sociaux bien définis pour l'enfant. Cependant, un enfant de petite famille est protégé et on en fait le centre d'attention de ses premières expériences sociales. Il peut avoir une opinion exagérée de son importance dans la vie de groupe. Les crises ont un plus grand impact parce qu'il y a peu de membres pour les partager. L'enfant est plus susceptible d'être surprotégé et dépendant.

Les grandes familles : L'accent est mis sur le groupe plutôt que sur les individus (six enfants ou plus). Avec de nombreux enfants il y a peu d'opportunités pour la surprotection parentale, le harcèlement ou les pressions. Il y a peu d'avantages économiques, par contre les enfants ont la chance de vivre relativement indépendamment des adultes, ce qui favorise l'autonomie et la maturité du comportement. Ainsi les enfants de grandes familles sont moins susceptibles d'être troublés émotionnellement ou d'avoir des problèmes de comportement que les enfants de petites familles. L'absence de pressions parentales favorise cependant un travail scolaire médiocre.

Les grandes familles assurent la sécurité émotionnelle par divers facteurs : L'attentions des frères et sœurs, une meilleure compréhension, un meilleur enseignement de la part de la fratrie, peu de jalousie parce qu'il ya peu d'opportunités de courage et peu de dépendance. Cependant, l'enfant n'est pas pour autant à l'abri de toute insécurité. En général, les enfants du milieu sont mieux adaptés que les ainés ou les cadets.

La famille monoparentale

La famille monoparentale est une famille qui ne comporte qu'un seul parent[53]. Cela est dû dans le cas de divorce, de décès de l'un ou l'autre membre des parents, l'abandon du père ou de la mère de l'enfant. Alors, le terme « monoparentale » désigne toutes les formes de mauvais traitements qu'une personne peut subir de la part d'un partenaire de vie durant ou après une relation de couple. C'est un abus de pouvoir qui cause une perte de dignité ou de sécurité ainsi qu'un sentiment d'impuissance et d'isolement chez la personne qui en est victime. La monoparentalité, regroupe toutes les formes d'agression physique, sexuelle, ou verbale, ainsi que les mauvais traitements émotifs des mineurs.

Elle peut vari en fréquence, en intensité, et en durée, de même que par la présence ou l'absence de réciprocité dans les actes commis. Les parents jouent un rôle important dans la vie des enfants, ceux-ci sont influencés par des relations familiales, leur développement émotionnel, leur vulnérabilité aux frustrations, leur comportement face à l'agressivité et l'anxiété, leur confiance fondamentale en eux-mêmes et en les autres dépendent profondément des parents.

Le phénomène « famille monoparentale » est assez répandue en Haïti. Selon les estimations, « plus de 60% des familles haïtiennes sont monoparentales[54].

---

53 Lexique des termes juridique, paris, France, 11ᵉ édition, Dalloz, 1998
54 Haïti : Famille monoparentale et enfant en situation de précarité, report from UN Stabilization Mission in Haïti Publisher on 20 Novembre 2007

La plupart sont dirigées par des femmes qui élèvent seules leurs enfants, pour des raisons multiples. La situation de précarité économique qui, le plus souvent, en résulte aboutit à la délinquance, pousse les enfants à la rue ou oblige à les placer en domesticité… ». La famille monoparentale augmente de jour en jour dans le pays particulièrement à Ouanaminthe à cause du vagabondage qui règne sur la frontière. Les dérives de la situation monoparentale : les conditions économiques difficiles, jointes aux conséquences psychologiques qu'elles entrainent, aboutissent, dans la plupart des cas à des dérives. On remarque que les groupes armés, en Haïti sont recrutés parmi les enfants les plus vulnérables, les plus pauvres et souvent les orphelins, surtout ceux de famille monoparentale.

Les enfants monoparentaux sont toujours exposés à la violence. Etant donné qu'ils sont particulièrement vulnérables, les effets qu'ils en subissent peuvent leur causer un tort considérable. On retrouve que ces enfants sont plus susceptibles que les autres de manifester des problèmes de comportement, des problèmes d'ordre émotionnel, des difficultés au niveau social, cognitif et académique, ainsi que des problèmes de santé physique. Les difficultés présentées par la famille monoparentale sur les mineurs sont les suivantes : « - Troubles extériorises : agressivités, hyperactivité, délinquance, tricherie, cruauté, désobéissance ;- Troubles intériorises : dépression, anxiété, inquiétude, tristesse, manque de concentration, difficultés d'apprentissage, faible estime de lui-même ; Problèmes comportementaux : faibles compétences sociales, tentatives suicidaires (ou suicides), consommation de drogue, fugue, prostitution, délits sexuels ; -Problèmes de santé physique : retard de croissance, problèmes visuels et auditifs, déficits au niveau du langage, allergies, maux de tête, troubles alimentaires, affections cutanées… » Ces comportements poussent souvent l'enfant à la criminalité.

Depuis très longtemps, la monoparentalité féminine est une des causes du mal-être psychologique des enfants, des adolescents où de fléaux sociaux comme la drogue ou la violence. On remarque que des jeunes délinquants sont des enfants de parents désunis, qui ne parviennent pas à se contrôler et montrent des comportements de délinquance. Les enfants monoparentaux ont des attitudes et des comportements touchant à la nourriture, au sommeil, au travail scolaire, au sport, au tabac, à l'alcool, à la drogue, à la violence, aux relations sexuelles, la dépression, aux accidents[55]. Ces mineurs marquent souvent leur désaccord par l'agressivité, la violence, ou a contrario, renfermement sur lui-même, moue, tristesse latente.

L'instabilité croissante de la famille monoparentale, la diminution du temps consacre par les parents à leurs enfants, la fréquente absence d'un des parents, et le comblement du vide parental par les médias ou par les groupes juvéniles plus ou moins aliénés vis-à-vis de la société n'est pas sans conséquences graves. Celles-ci sont difficiles à mesurer et à faire entrer dans des statistiques puisqu'il s'agit de déficits en qualités humaines. Faute de pouvoir mesurer les manques psychologiques et affectifs entraines, chez les enfants, par les démissions parentales, on en est réduit a regarder les statistiques des crimes, suicides et délits juvéniles, d'un côté, les déficiences scolaires et physiques de l'autre, et entre les deux, les files d'attente des jeunes chez les psychologues et psychiatres. Avec le désengagement des parents de leur rôle éducatif, c'est la personnalité même des enfants qui se trouve atteinte, et parfois de façon grave.

Cependant, la criminalité infantile de la famille monoparentale provient d'un ensemble de phénomènes ; c'est ainsi, nous apportons des troubles qui en sont à la base.

---

55 Jacques-Jean Ronald, Cours-Séminaire, difficulté d'apprentissage.

Ce sont entre autres : « La pauvreté et ses effets : inégalités de chance face aux loisirs ; intervention extérieure : suivi social et prise en charge des difficultés scolaires ; de l'abandon symbolique à l'abandon réel ; les troubles psychologiques à surveiller. Isolement, sentiment de culpabilité et tentation de la tyrannie. Les troubles de l'enfant monoparental : grandir avec un parent seul, quelles conséquences sur l'enfant délaissé les amis de son âge, interfère dans les rapports entre ses parents, mais pour tenter d'aplanir les difficultés réelles ou imaginaires, s'approprie des compétences pratiques au sein de la maison, adopte des postures tyranniques ou culpabilisantes ou les parents avec lequel il vit. Le respect de « l'enfant- roi » plane alors sur le parent seul, partage entre culpabilité, manque de temps et sentiment d'amour filial. Conflit de loyauté et manque de référent adulte (masculin ou féminin en fonction de la situation) ». Donc, la famille monoparentale est une famille qui influence la croissance des maisons d'accueil vu les activités parentales qui sont en faillites, vu les devoirs de parents qui ne sont pas respectés, vu le vagabondage, le désaccord, la corruption grandissant de plus en plus chez l'enfant de cette famille. On remarque aussi un manque de protection de l'enfant dans cette situation, la pauvreté, le désarroi, la marginalisation ruines totalement la vie, la croissance de ses enfants dans le domaine social, économique, culturel et éducatif. Ces enfants se trouvent surtout dans les centres dans des conditions infrahumaines. Voilà pourquoi, la famille monoparentale est une source de la délinquance juvénile dans cette société.

La responsabilité de l'Etat dans la prise en charge des enfants

La loi du 28 août 1967 réorganisant le département des affaires sociales dans son chapitre 47 sur l'institut du bien-être social et de recherche, déclare ceci dans son article 275 : le service des œuvres sociales a pour rôles : Contrôler et superviser les établissements concourant à la protection, à la garde et au placement des enfants du premier âge(0 à 3 ans) et du second âge (3 à 6 ans) : les maisons maternelle, les crèches, les pouponnières, les orphelinats, les centres de placement surveillés et autres. Etudier les demandes d'autorisation de fonctionnement des œuvres privées, en tenant compte des titres et garanties requis pour diriger une maison d'enfant ; des titres et garanties à exiger du personnel appelé à y remplir des fonctions d'éducation et toute personne qui exerce une fonction ou qui réside dans ces établissements, eu égard notamment aux catégories d'enfants qu'ils sont appelés à recevoir. Recevoir régulièrement et aux fins utiles un rapport détaillé sur les activités des œuvres sociales privées autorisées à fonctionner.

Les familles d'accueil et maisons d'enfant

Le terme Famille d'accueil est attribuée à toute famille qui n'est pas la famille d'origine ou famille biologique de l'enfant. Elle peut être temporelle ou définitive. Le terme anglais attribue à la famille d'accueil est « Foster Family ».

Cependant, parallèlement, l'arrêté présidentiel du 22 décembre 1971 publie dans le moniteur No 16 du 16 mars 1972 fait état des maisons d'enfants.

Les maisons d'enfants sont des institutions publiques ou privées, laïques ou religieuses habiles à recevoir et prendre en charge, les mineurs de l'un ou de l'autre sexe appartenant à l'une des catégories suivantes.

1-Les enfants orphelins

2-Les enfants abandonnés

3-Les enfants nécessiteux

4-Les irréguliers d'ordres physiques ou moraux.

Et ce même arrêté poursuit ainsi :

« Enfant orphelin » ; tout mineur âgé de moins de 18 ans dont le père ou la mère ou les deux à la fois sont décédés ou absents.

« Enfant abandonnés » : tout mineur âgé de moins de 18 ans dont les parents ou personnes responsables ne remplissent pas vis-à-vis de lui les obligations relatives à la garde, l'entretien et l'éducation en le laissant sous la protection et livre à lui-même.

Selon les derniers chiffres en date, Haïti compte environ 754 maisons d'enfants classées de différentes couleurs dépendant de leur structure. La couleur rouge qualifie celles qui n'ont aucune structure et infrastructure de fonctionnement, la couleur verte symbolise celles qui sont en mesure de fonctionner normalement et la couleur jaune fait état des maisons d'enfants qui ont la possibilité de se réhabiliter.

A- La crèche

On appelle crèche tout établissement équipé pour accueillir, dans la journée, des enfants bien portant de moins de trois ans dont les parents ne peuvent s'occuper aux heures ouvrables (Le petit Larousse 2010) La crèche est aussi un lieu transitoire pour qui on cherche soit la famille biologique ou une famille d'accueil.

B- L'orphelinat

L'orphelinat est une autre catégorie de maison d'enfants ou l'on reçoit les enfants de trois ans ou plus.

La tragédie des enfants placés en institution[56]

En Haïti, le placement des enfants en institution est une pratique sociale très répandue dont les deux formes principales sont les orphelinats et les crèches. Mais, depuis quelques années, ces établissements résidentiels, communément appelés « maisons d'enfants », ne manquent pas de susciter de vives controverses quant aux conditions dans lesquelles ils hébergent, socialisent et encadrent les enfants qu'ils accueillent.

Un rapport officiel de l'Institut du bien-être social et de recherches (IBESR), publié en 2018, dresse un portrait dramatique de la situation des maisons d'enfants en Haïti. Selon ce document, il y aurait « pour un effectif de plus de 25 813 enfants, l'existence de 754 espaces hébergeant des enfants, dont 202 ont reçu une accréditation,

---

56 www.Lenouvelliste.com. Article publié par Gervely Teneus, consulté le 10/04/2020

et fonctionnant à titre de maisons d'enfants, d'octobre 2016 à 30 septembre 2018 ». Autrement dit, il y avait, pour cette période, environ 73% des 754 maisons d'enfants recensées qui fonctionnent sans l'autorisation préalable de l'IBESR, l'organe administratif étatique compétent en la matière. Ce document poursuit « que seulement 35, soit 4,6%, peuvent prétendre à une accréditation pour 2018-2020 ».

Toujours selon le rapport de l'IBESR, sur 754 espaces identifiés et évalués, 139 méritent d'être améliorés ; 398 sont de mauvaise qualité, dont trois d'entre eux méritent d'être « fermés en priorité » pour cause d'abus sexuels et 304 pour cause d'abus physiques. A cela s'ajoutent, toujours selon l'IBESR, 161 centres qui étaient introuvables, ce qui aurait pu grossir le nombre total à 915 maisons d'enfants.

On peut poser la question aujourd'hui en 2020 : combien de ces maisons d'enfants ont-elles été fermées par l'IBESR depuis la publication en 2018 des directives pour la prise en charge des enfants privés de protection parentales ? Combien de responsables des 307 maisons d'enfants où il y avait des abus physiques ou sexuels, ont-ils été sanctionnés conformément à la loi (art 35 décret 22 décembre 1971) ? L'Etat actuel des données disponibles ne me permet pas de répondre à ces interrogations, malgré leur pertinence. Mais on pourrait formuler des questionnements plus profonds.

Face à ces données accablantes, il est légitime de se demander comment se fait- il que plus de 25000 enfants haïtiens se rentrouvrent places dans des maisons d'enfants, dont plus de 73% d'entre elles fonctionnent illégalement et en dehors des normes de protection les plus élémentaires ? Où sont les familles de ces enfants ? Par quels mécanismes judiciaires et/ou administratifs arrivent-ils à quitter leur milieu familial pour être placés dans ces centres d'accueil ? Pour quelles raisons et pour combien de temps ?

L'incendie de l'orphelinat de « l'église de la compréhension de la bible », le 13 février 2020, à Fermathe, quartier résidentiel de l'aire métropolitaine de Port-au-Prince, est une catastrophe humaine. Ce tragique événement, qui a couté la vie de quinze (15) enfants placés dans ce centre résidentiel et qui endeuille certainement de nombreuses familles et proches des victimes est une expression flagrante de la défaillance du système haïtien de protection de l'enfance. Si ce drame pose visiblement le problème des conditions misérables de vie et des droits des enfants places en institution en Haïti, il résonne plus profondément un problème sociologique de régulation d'un système d'action sociale : celui du placement institutionnel des enfants. Entre choc, consternation et critiques acerbes contre l'Etat haïtien, que doit-on retenir de cet événement ? Doit-on appeler, comme le font certains, à la fermeture immédiate des orphelinats et les autres centres résidentiels en Haïti ? Quels sont les préalables à la mise en place d'une véritable stratégie nationale de désinstitutionalisation de la prise en charge des enfants ?

Fort de tout cela, deux hypothèses se posent. D'une part, le recours au placement des enfants dans les orphelinats et les crèches en Haïti semble être lié à une stratégie de compensation pour des familles pauvres. Dépourvues de ressources pour prendre soin de leur progéniture, celles-ci délèguent l'exercice de la parentalité à des acteurs tiers qui, dans leur grande majorité, n'ont aucune légitimité dans le système formel de protection de l'enfance en Haïti. D'autre part, le placement des enfants dans ces structures résultent d'arrangements informels entre les « parents » ou leurs dits représentants et les établissements d'accueil qui veulent grossir à tout prix le nombre d'enfants accueillis pour légitimer leur demande de financement au détriment du bien-être des enfants. Entendons par arrangements informels le fait que l'admission des enfants aux orphelinats et aux crèches se fait en dehors des procédures judiciaires et/ou administratives préalables, soit la décision d'un juge pour enfant et/ou une mesure de l'IBESR sur la base d'une évolution familiale et sociale de l'opportunité du placement.

Dans ce contexte d'informalité et de faible capacité de régulation et de contrôle de l'IBESR, c'est la vie, l'avenir et le rêve de plusieurs dizaines de milliers d'enfants haïtiens qui s'évanouissent dans les maisons d'enfants. Ainsi, la mort des 15 enfants dans l'incendie du 13 février à Fermathe, c'est une expression particulière, mais révoltante, de la tragédie d'une société qui ne cesse de sacrifier ses enfants. Face à cette situation lamentable et déshonorante, les messages de sympathie et les discours ne suffisent pas. Il faut bien une tragédie nationale réaliste pour sauver les enfants qui vivent en institution et leur restituer leurs droits d'accéder à de meilleures conditions d'existence.

La société et l'enfant

La famille est considérée comme la base de toute société, l'avenir du monde et comme le milieu de formation de futur dirigeant dans la société. Voyons-nous les différentes fonctions des parents envers les enfants.

a- La fonction nourricière

Elle est assurée par les parents et doit correspondre aux besoins de l'enfant aux divers stades de son évolution. Cela comporte plus que la simple satisfaction des besoins physiques de l'enfant, c'est aussi celle de son besoin d'amour, d'affection et de sécurité ; c'est la possibilité qui lui est donné d'utiliser ses capacités nouvelles à mesure qu'il murit. L'enfant a besoin d'amour, et premièrement d'amour maternel pour se développer non seulement sur le plan affectif, mais aussi sur les plans intellectuel, social et physique. Cet amour doit être vrai, des manifestations dépourvues de sentiment ne trompent pas l'enfant. Il doit se sentir accepté de ses parents et de sa famille. Les parents ne doivent pas être trop exigeants et accepté les capacités et les limites de leur enfant.

b- Le cadre du développement de la personnalité[57]

Pour que la famille permette un développement harmonieux, les époux doivent être unis en tant que parents, ils doivent préserver les frontières entre les générations et assumer de façon continue le rôle de leur sexe.

La coalition des parents est nécessaire pour que la direction soit unique et aussi pour que chaque parent trouve le soutien nécessaire à l'accomplissement de sa tâche. Le milieu familial doit être stable, car l'enfant supporte mal les changements subits et l'incertitude est néfaste à son développement affectif. S'il assiste aux querelles de ses parents, il ne sait plus vers qui aller, il devient anxieux, angoisse et se culpabilise s'il prend parti pour l'un ou l'autre.

Les parents forment la génération nourricière et éducatrice qui donne à l'enfant des modèles à imiter. Celui-ci a besoin de sentir pendant de nombreuses années la sécurité de la dépendance pour pouvoir consacrer toute son énergie à son propre développement. Le fait qu'un des parents dépende émotionnellement de l'enfant,

---

57 Jean-Louis Plante et Clovis Theberge, Psychologie de l'enfance, Laval, Québec, 1997

oblige prématurément ce dernier à compléter une autre vie que la sienne au lieu de structurer sa propre personnalité dans les limites précises.

Le respect du rôle de chaque sexe est important ; chaque parent doit jouer son rôle masculin ou féminin, car il est essentiel que l'enfant s'identifie au modèle de son sexe pour que son moi acquière une identité stable. Ce rôle doit se jouer au niveau des qualités spécifiques à chaque sexe, et non pas seulement selon les définitions stéréotypées des conventions socioculturelles.

c- Premier ensemble social

C'est dans la famille que l'enfant s'initie aux rôles sociaux essentiels, à la valeur des institutions sociales et aux principales mœurs de la société.

d- Agent transmetteur de la culture

C'est par la famille que se transmettent les éléments essentiels de la culture, par exemple, le langage.

La position de l'enfant dans la famille haïtienne

Il est essentiellement accepté tant par les idées politiques, socio anthropologiques[58] et même spirituelles que la famille reste jadis la base fondamentale de toute société. Puisqu'il en est ainsi, l'enfant est nécessairement le noyau de toute la famille. Alors l'enfante reste la particule sociale élémentaire dans l'unitaire sociétale d'où sa fonction vitale dans l'équation sociale entre, l'enfant – famille – Société de la trilogie sociologique. L'enfant jouait un double rôle

---

58 Dori Bonnet, informations sociales, la construction sociale de l'enfance : Une variété de normes et de contextes, 2010 P. 17

dans la famille antique. La production familiale » a aussi besoin d'une certaine main d'œuvre critique pour survivre ; les enfants sont à la fois main- d'œuvre et de futur bâton de vieillesse. Plusieurs familles engagent des enfants comme domestiques et comme apprentis. Enfin beaucoup d'unité sont multifamiliales ; les grands- parents sont prises en charge par elles, mais en même temps ils effectuent de menus travaux et participent aux tâches domestiques ou prennent soin des petits enfants. Dans ce type de famille, il y a une division du travail entre les sexes et l'âge…Le trait le plus spécifique de cette famille traditionnelle est probablement sa composition et sa taille …L'industrialisation a provoqué la séparation de la sphère du travail et de la sphère familiale et elle a favorisé l'avènement de l'économie salariale. Les enfants des paysans deviennent des prolétaires sans propriété, et ils sont obligés de vendre leur force de travail. (Langois, p91)

On sait que dans les sociétés rationnelles, les maisonnées se composaient d'un groupe familial, qui était également l'unité de production des moyens d'existence… On sait qu'également en chambardant les modes de travail, la révolution industrielle a contribué à réaménager les modes de vie familiale et notamment les relations de couple. Les lois qui viennent réglementer le travail des femmes et des enfants vont voir s'instaurer (bien 4 davantage en Amérique du nord qu'en Europe d'ailleurs),une affectation dichotomique du mari et de l'épouse en des sphères nettement séparées de l'activité sociale, séparées autant par elle lieu de travail (usine, bureau vis-à-vis a maisonnée) que par les conditions dans lesquelles il s'est exercé (travail socialisé pour l'homme, isolé et généralement non salarie pour la femme) Lemieux, P.24

Dans la deuxième moitié du XXe siècle (en fait juste après la seconde guerre mondiale), La société de consommation et l'extension généralisée de la marchandisation ne sont pas étrangères à ces changements profonds observes dans les types de familles et d'unités de vie (Langois, p.95). La hausse de la productivité et l'avènement du fordisme ont amené la mise en place d'un nouveau modèle : La famille à pourvoyeur unique, à un seul gagne-pain. L'homme chef de famille voit son salaire augmenter, le couple contrôle sa fécondité et la taille des ménages se rétrécit… le système de production fournit aux familles l'énergie et l'équipement, mais il assure aussi lui-même la production directe de biens et de services nouveaux : entreposage et transformation d'aliments, de fabrication de vêtements, etc. Au fil des années d'après- guerre, cette prise en charge n'a fait que s'étendre et s'accélérer (Langois P.93) selon le rapport de l'Unicef, 44% (4.211000) sont des enfants de moins de 18 ans et 13% (1.250.000) sont des enfants de moins de 5 ans.

La famille et l'état sur le plan juridique

Il revient à l'état dans sa politique de protection sociale d'élaborer et de développer un plan de sauvegarde et d'encadrement social pour les familles. L'article 259 de la Constitution du 29 mars 1987 stipule : « L'état protège la famille, base fondamentale de la société ». Et l'article 260 va plus loin et nous lisons : « Il droit une égale protection à toutes les familles qu'elles soient constituées ou non dans les liens du mariage. Il doit procurer aide et assistance à la maternité, à l'enfance et à la vieillesse ». Alors tout état qui veut assurer sa survie sociale et sa consistance en tant que nation doit analyser à la loupe les besoins (sociaux, culturels et économiques) quotidiens de ses familles.

Pour une régularisation systématique de la famille, la constitution enfin prévoit un code de famille qui permettra d'assurer et de garantir le respect des droits de la famille. (Article 262 constitution du 29 mars 1987).

Les facteurs d'influence des relations familiales sur la personnalité de l'enfant

Les attitudes parentales

Les attitudes parentales sont influencées par les valeurs culturelles, le pattern de personnalité des parents[59], leur conception du rôle de parents, etc.…

Les valeurs culturelles

Freud soutenait que trop de tendresse parentale accélérait la maturité sexuelle, nuisait à l'enfant et le rendait incapable de se satisfaire de l'amour reçu dans sa vie future. Watson lui faisait écho avec une mise en garde contre trop d'amour maternel qui entraine des effets nuisibles au développement de la personnalité de l'enfant. Aujourd'hui il est accepté que l'amour maternel et l'affection sont nécessaires à une bonne santé mentale chez l'enfant. Les recherches démontrent qu'un enfant n'est jamais trop aimé, qu'il est plutôt parfois mal aimé.

La personnalité des parents

Même quand la culture incite à une attitude culturelle particulièrement envers l'enfant, l'attitude des parents demeure prédominante et leur propre personnalité influence davantage l'enfant. Les attitudes faces aux enfants varient

---

59 Ibid

d'un adulte à un autre, et d'un moment à l'autre pour le même individu. Cette variabilité ne dépend pas toujours et nécessairement du comportement de l'enfant, mais aussi et souvent de l'humeur momentanée du parent, de ses souvenirs d'enfances, de la valeur données à son rôle de parent par le groupe culturel, etc. Bref l'attitude des parents envers l'enfant traduit jusqu'à un certain point leur propre ajustement à la vie et au mariage. S'ils sont bien adaptés à leurs différents rôles, l'enfant le sent et en retire une certaine sécurité.

L'attitude de la mère envers la maternité joue un rôle important dans ses relations avec son enfant. Les attitudes parentales sont plus favorables quand l'enfant est désiré. Quand l'enfant n'est pas voulu, la grossesse est susceptible d'être plus difficile, à cause des tensions émotionnelles chez la femme et dans le couple. L'âge des parents et leur niveau éducationnel influencent aussi leur attitude envers l'enfant, de même que leur sentiment d'être ou non adéquats dans leur rôle de parents. Des parents plus vieux et d'un niveau éducationnel élevé sont généralement plus calmes et présentent des attitudes plus souples envers l'enfant. Plus jeunes les parents se sentent souvent insécurisé et angoissés face à leurs responsabilités et accusent une plus grande instabilité.

Les attitudes typiques des parents

La surprotection parentale

Elle consiste en un contact physique excessif de parents à l'enfant, une prolongation des soins infantiles et un manque ou un excès de contrôle parental. La surprotection est plus fréquente dans les groupes socio-économiques plus favorisés.

Après toutes ces considérations sur la situation de l'enfant haïtien au regard des lois qui lui sont destinées, il est fort de remarquer qu'il y a une grande différence, un vide énorme entre ce que disent les lois et la réalité que nous vivons sur le terrain. Dans les maisons d'accueil, c'est un spectacle dramatique et révoltant. Alors que ces derniers se multiplient dans le pays à un rythme effréné. On dirait que l'enfant haïtien allait vivre mieux. Pourtant selon les différents rapports, des articles de journaux et les observations faites, la façon dont vivent les enfants dans les maisons d'enfant est beaucoup plus lamentable et inhumaine qu'auparavant.

Le chapitre qui suit dans le cadre de notre travail de recherche, sera consacré spécifiquement à des recommandations aux acteurs principaux dont les missions capitales est de surveiller, contrôler le mode de fonctionnement de ces nombreuses institutions qui se disent travailler pour le bonheur et le plein épanouissement des enfants.

CHAPITRE 4

Recommandations

Nous avons jugé opportun de faire quelques recommandations pouvant permettre à l'Etat haïtien, d'agir de manière efficace pour mieux protéger les enfants :

En pleine épidémie de coronavirus, Haïti accueille 68 compatriotes expulsent par les Etats-Unis. La situation « d'extrême pauvreté et le manque d'accès aux services de santé, d'éducation et de protection sociale de base expliquent pourquoi la majorité de ces enfants sont séparés de leurs familles et places en institution » (Lumos, 2015). Ceci dit, le placement des enfants dans les orphelinats et les crèches en Haïti consisteraient en une sorte de transfert des responsabilités parentales à des « entrepreneurs sociaux d'orphelinats [1] » qui se substituent des lors aux parents et aux familles, eux-mêmes, en incapacité d'assurer correctement le développement affectif, socio-éducatif de leurs enfants. Selon Lumos, 80% de ces enfants ont au moins un de leurs parents vivants. Ce qui pose la nécessite d'une réflexion plus profonde allant au-delà d'un simple registre de jugement et de culpabilisation qui éluderait les logiques caches du système de placement des enfants en Haïti.

Michel Crozier, un sociologue français, écrivait, en 1979, un ouvrage célèbre intitulé on ne change pas la société par le décret. Cette phrase porte en elle toute une philosophie du changement qui invite à concevoir celui-ci non pas dans une approche volontariste, mais plutôt de manière stratégique. Il n'est pas possible d'opérer un changement sans avoir exactement sur quoi il se porte, c'est-à-dire sans connaitre la nature et les contours de la chose qu'il faut changer. Cela dit, la « fermeture » des maisons d'enfants en Haïti présuppose une analyse en profondeur du système de placement pour mieux comprendre les différents acteurs qui s'y jouent, les stratégies déployées par chacun selon ses représentations des situations et la manière dont ce système s'est jusqu'à présent régule. Le changement ne se décrète pas, mais se construit et s'apprend dans des relations entre acteurs ayant souvent des objectifs contradictoires qui ne cadrent pas toujours avec la visée commune poursuivie.

La désinstitutionalisation, nous dit Laberge (1958), ne peut se résumer à la disparition complète de toute modalité d'intervention. Elle renvoie plutôt au passage d'une forme dominante de gestion du social à une ou d'autres formes instituées de prise en charge et c'est surtout autour de ces nouvelles formes que se situe le véritable défi social. Ceci dit, il s'agit d'abord et avant tout d'un processus de changement au cours duquel des acteurs, des ressources, des stratégies et des représentations se confrontent autour d'enjeux majeurs pouvant être liés à des gains financiers, matériels et symboliques. Dans cet ordre d'idées, penser la fermeture des maisons d'enfants en Haïti pose au moins deux questions auxquelles les acteurs du système de protection de l'enfance devraient trouver des réponses lucides. Comment travailler avec les familles concernées et les enfants pour que ces derniers puissent retourner dans leur milieu familial en toute sureté ? Et, en même temps, comment intervenir en prévention avec les familles et les communautés pour agir sur les causes du placement en institution ?

Ainsi, trois conditions préalables devraient orienter les réflexions et toutes démarches sur la désinstitutionalisation en Haïti :

La mise en place d'un plan national de sortie des enfants en institution présuppose de préciser la nature et les caractéristiques particulières des institutions ciblées. Ceci dit, il s'agit de définir une typologie des établissements pour enfants selon un certain nombre de critères objectifs afin de préciser ceux pour lesquels la demande sociale pourrait être satisfaite autrement par l'Etat et les collectivités territoriales. Parallèlement, il est nécessaire d'identifier les formes instituées, c'est-à-dire les pratiques sociales positives de solidarité envers les enfants dans les familles et les communautés en vue de les valoriser et les soutenir comme solutions alternatives au placement en institution. Ce travail théorique et méthodologique préalable est extrêmement important aussi bien pour l'implémentation, l'évaluation que pour le suivi des programmes de désinstitutionalisation.

La désinstitutionalisation doit être conçue comme un processus. Cela suppose qu'il ait une définition du changement souhaité avec des objectifs clairs déclines à court, moyen et long terme. Planifier la désinstitutionalisation des enfants en Haïti revient donc à l'inscrire dans un cadre temporel qui définit l'état final vers lequel tend le processus, tout en établissant des objectifs de changement sur des périodes intermédiaires. Tout cela permettrait d'évaluer ces changements sur la base de critères de performance préalablement définis par les acteurs concernés.

La mise en œuvre du processus de désinstitutionalisation suppose l'existence de moyens qui permettent de la concrétiser et une prise en compte du contexte social. Il s'agit de plusieurs types de moyens : financiers, humains, techniques. Ici, les moyens financiers occupent une place centrale tant pour des mesures incitatives et d'accompagnement aux familles, aux acteurs de mise en œuvre que pour la mobilisation des moyens humains compétents et suffisants. La mise en œuvre de programme de désinstitutionalisation en Haïti suppose donc de mobiliser des professionnels, des travailleurs sociaux, des psychologues, des médecins, des éducateurs spécialisés, des conseillers familiaux, entre autres, pour soutenir l'enfant dans un tissu familial propice à son plein développement évidemment, le contexte politique et économique est extrêmement important puisque c'est à ce niveau que se jouent les priorités politiques des élus et l'allocation des ressources pour financer les politiques publiques.

Enfin ;

-Que l'Etat veille minutieusement à l'application de ladite convention en tenant compte, dans ses textes juridiques, du besoin réel et constant de protection de l'enfant, et du bénéfice d'une certaine faveur de l'enfant par rapport à l'adulte ;

- L'Etat doit prendre des mesures nécessaires pour faire large diffusion, sur toute l'étendue de son territoire, des principes et dispositions tant de la CDE que de ses textes juridiques concernant la protection de l'enfant, aux fins de les faire connaitre à ses citoyens, notamment en faisant recours aux organisations non-gouvernementales capables de sensibiliser et de conscientiser les gens en matière ;

-L'Etat doit renforcer la promotion de changement de comportement fondé sur le respect de la légalité, tout en arrêtant des stratégies particulières pour ce qui est des droits des enfants.

-L'Etat doit prioriser les enfants et les jeunes par une politique nationale et des programmes spécifiques qui mettent l'accent sur les enfants les plus vulnérables (enfants en domesticité, enfants abandonnés, enfants des rues) afin de les équiper avec les outils éducatifs et professionnels, de leur apporter un appui médical et psychosocial approprié, de façon à faciliter leur insertion dans la société ;

- L'Etat doit promouvoir la décentralisation des services et le renforcement des capacités des acteurs étatiques de protection comme l'IBESR, la BMP/PNH et les cours de justice, pour leur fournir des ressources (matérielles, financières, ressources humaines, NTIC et systèmes de gestion de l'information) de qualité et en qualité suffisante, et faciliter leur coordination de façon à réduire les lenteurs dans les procédures ;

- L'Etat doit garantir l'équité de genre et la lutte contre toutes les discriminations, en particulier dans les questions relatives à la violence physique, sexuelle, à l'exploitation des enfants et veiller à la mise en place d'un système de protection de témoins dans le respect des droits de l'enfant ;

- L'Etat doit penser la désinstitutionalisation de la prise en charge des enfants en Haïti : un préalable nécessaire à la mise en place d'une stratégie réaliste

CONCLUSION

Dans ce travail, qui nous a amène à vérifier le niveau d'application, en Haïti, de la convention relative aux droits de l'enfant (CDE) durant la période allant de 2013 à 2018. Nous avons essayé de faire ressortir la valeur de l'enfant et le niveau de respect de la Convention relative aux droits de l'enfant en Haïti, qui l'a aussi ratifiée.

Nous avons aussi examiné les différents aspects de ladite convention dans sa structure, son organisation, son fonctionnement, et nous en avons analysé les principales dispositions autant que le respect de l'application de ces derniers dans notre pays au regard de quelques textes légaux en vigueur en la matière. Alors que dans toutes les décisions concernant les enfants, qu'elles soient le fait des institutions publiques ou privées de protection sociale, des tribunaux et autres, l'intérêt supérieur de l'enfant doit être une considération primordiale, nous avons pu constater de par cette analyse que la législation en vigueur en Haïti, concernant les enfants, comporte d'une manière générale, des insuffisances sur les questions intéressante particulièrement la protection de l'enfant, étant donné notamment que plusieurs de ses dispositions demeurent peu appropriées, peu adaptées voire lacunaires au regard de la CDE.

La mentalité collectiviste des Haïtiens ne permet pas, généralement, à l'enfant d'avoir une vie individuelle dans la société, pouvant favoriser son épanouissement et son développement. Ce dernier vit plutôt dans un environnement où il est souvent traumatisé et qui, dans certaines situations et circonstances, pourrait le pousser à la révolte pour la quête de ses droits à la vie, avec risque de poser des actes nuisibles et aux conséquences incalculables. Pourtant, l'intérêt supérieur de l'enfant n'est pas synonyme de libertinage, mais plutôt l'éducation à exprimer ses opinions.

En effet, nos différentes recherches réalisées dans le cadre de notre travail, nous permet de constater qu'il existe des instruments nationaux tant qu'internationaux régissant la question de l'enfant. Heureusement notre pays a déjà pris des initiatives en ce sens en édictant des lois parmi lesquelles la loi du 7 septembre 1961 sur le tribunal pour enfant et le décret du 20 novembre de la même année. Les textes internationaux ont été également ratifiés par l'intermédiaire de notre parlement, toujours dans le but de favoriser un mieux-être à l'enfance haïtienne.

A l'échelle internationale, la Convention relative aux droits de l'enfant a été adoptée par l'Assemblée générale des nations unies le 20 novembre 1989. Les 193 états partis à cette convention dont Haïti sont tenus de respecter, de protéger et d'appliquer les droits des enfants. Cela inclut le droit de vivre avec leurs parents et leur famille ; d'avoir un nom inscrit sur les registres légaux comme une identité et une nationalité ; de bénéficier d'un niveau de vie suffisant ; d'accéder à une éducation et à des services de qualité.

C'est une évidence, la convention relative aux droits de l'enfant, les lois en vigueur et la constitution de 1987 amendée précisent que les enfants ont le droit de recevoir le plus haut niveau de soins de santé et de services. Ces textes affirment également que l'enseignement primaire droit être gratuit et obligatoire pour tous les enfants ; ils doivent vivre avec leurs parents et leur famille et qu'ils ont le droit à un niveau de vie suffisant pour permettre leur développement physique, mental et sociétal.

Donc, il est fort de remarquer qu'il n'est prévu nulle part que l'enfant doit vivre dans une maison d'accueil, peu importe les conditions de vie. En Haïti, les cas de violations des droits consacrés à l'enfant sont nombreux. Car, ils sont nombreux ceux qui se trouvent dans les maisons d'accueil très loin de l'affection familiale notamment celle des parents. Ces espaces qui les reçoivent, pour la majorité, bafouent leurs droits en permanence. Par exemple, ils sont contraints souventes fois de travailler au lieu d'aller à l'école. Cela viole leur droit à l'éducation et à la protection contre un travail menaçant leur santé et leur développement social.

Les autorités étatiques doivent s'impliquer davantage afin de faire cesser dans le pays la pratique qui consiste à garder des enfants dans des centres non-appropries, inadéquats et insalubres. Une telle pratique ne favorise que l'enrichissement des propriétaires de ces Centres qui demande incessamment des aides au nom des enfants dont ils ont la charge malheureusement.

Ces signaux ouvriront, certainement, la voie aux principaux acteurs agissant dans le secteur de s'armer davantage afin de construire la nouvelle Haïti. En effet, la lutte pour le bien-être des enfants, notamment ceux d'Haïti, est un combat pour la survie de notre cher pays. Tous les efforts doivent être encouragés, tous les secteurs doivent y participer pour finir avec les mauvais traitements auxquels confrontent les enfants surtout ceux qui se trouvent dans les maisons d'accueil. Le mépris, la violation des droits de l'enfant peut être considérer comme un danger à la nation parce qu'on le dit souvent : « Les enfants d'aujourd'hui sont l'avenir du pays ». Donc, s'ils ne sont pas pris à cœur, c'est le pays qui est menacé. Voilà pourquoi, autant d'outils nationaux s'intéressent énormément à ce sujet.

En réalisant cette étude, c'est à coup sûr, notre pierre que nous souhaitons apporter, comme contribution dans la construction de cette société, tant rêvée, où chaque enfant, quel que soit son origine sociale, sa couleur et son identité, soit traité dignement, que tous ses droits lui soient reconnus et respectés.

Achevé d'imprimer en Août 2023

Dépôt légal : Août 2023

Pour

Éditions Varella

9 782493 420701